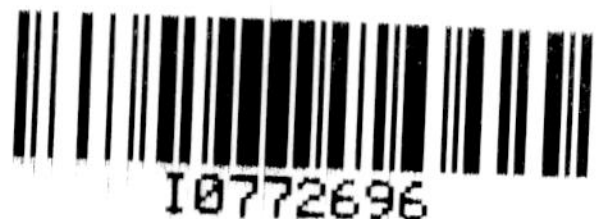

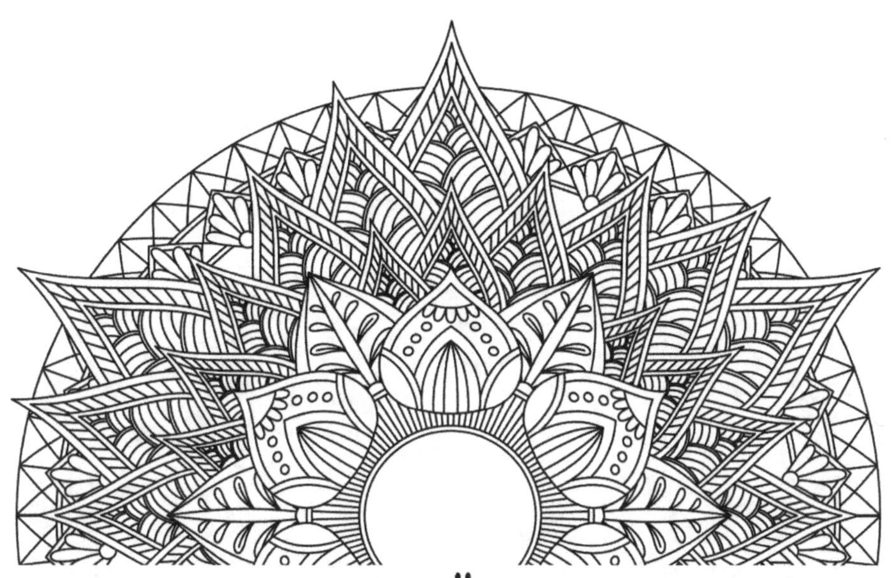

EIN MALBUCH FÜR ERWACHSENE
NUR FÜR DICH

dein Name

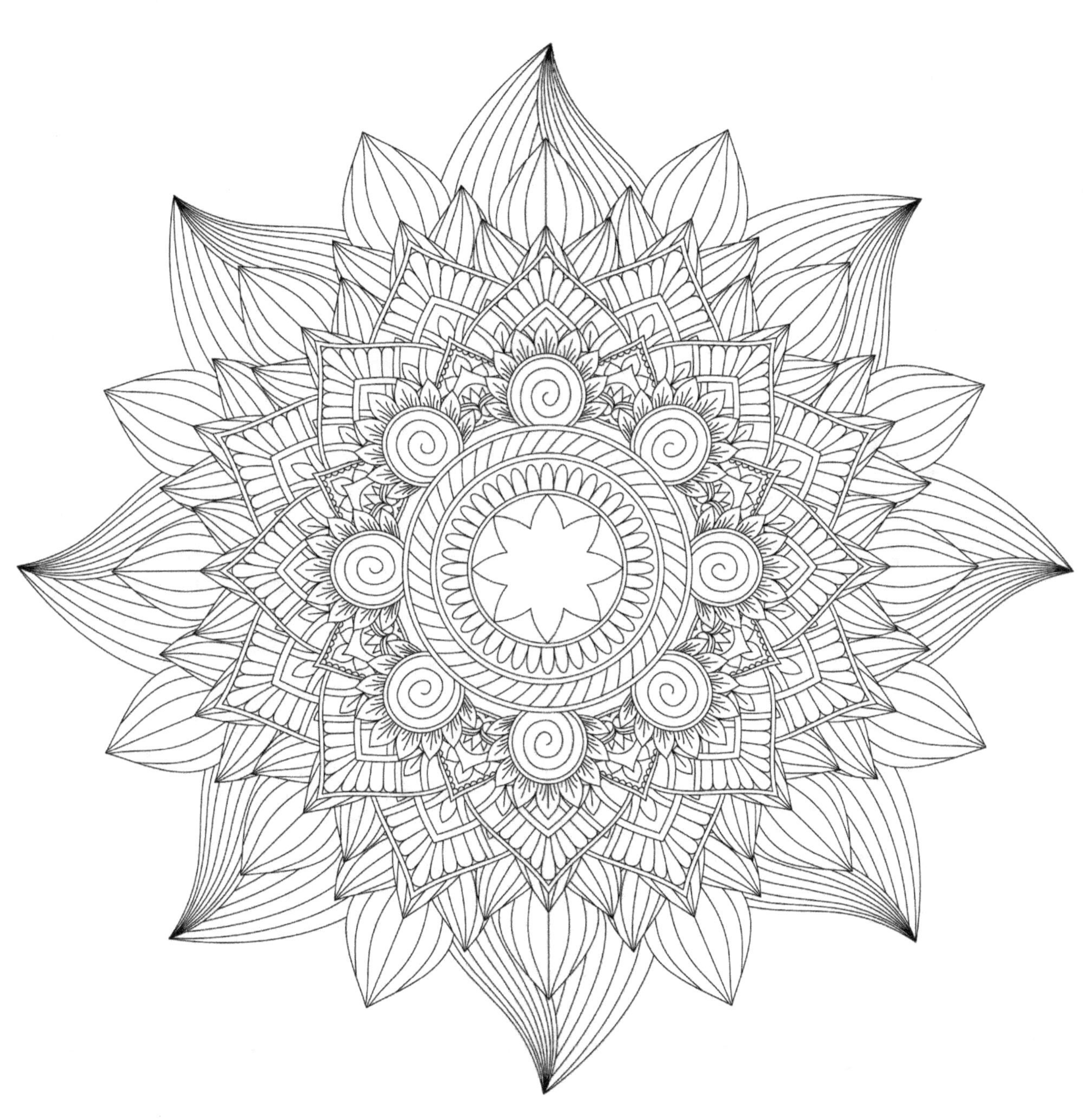

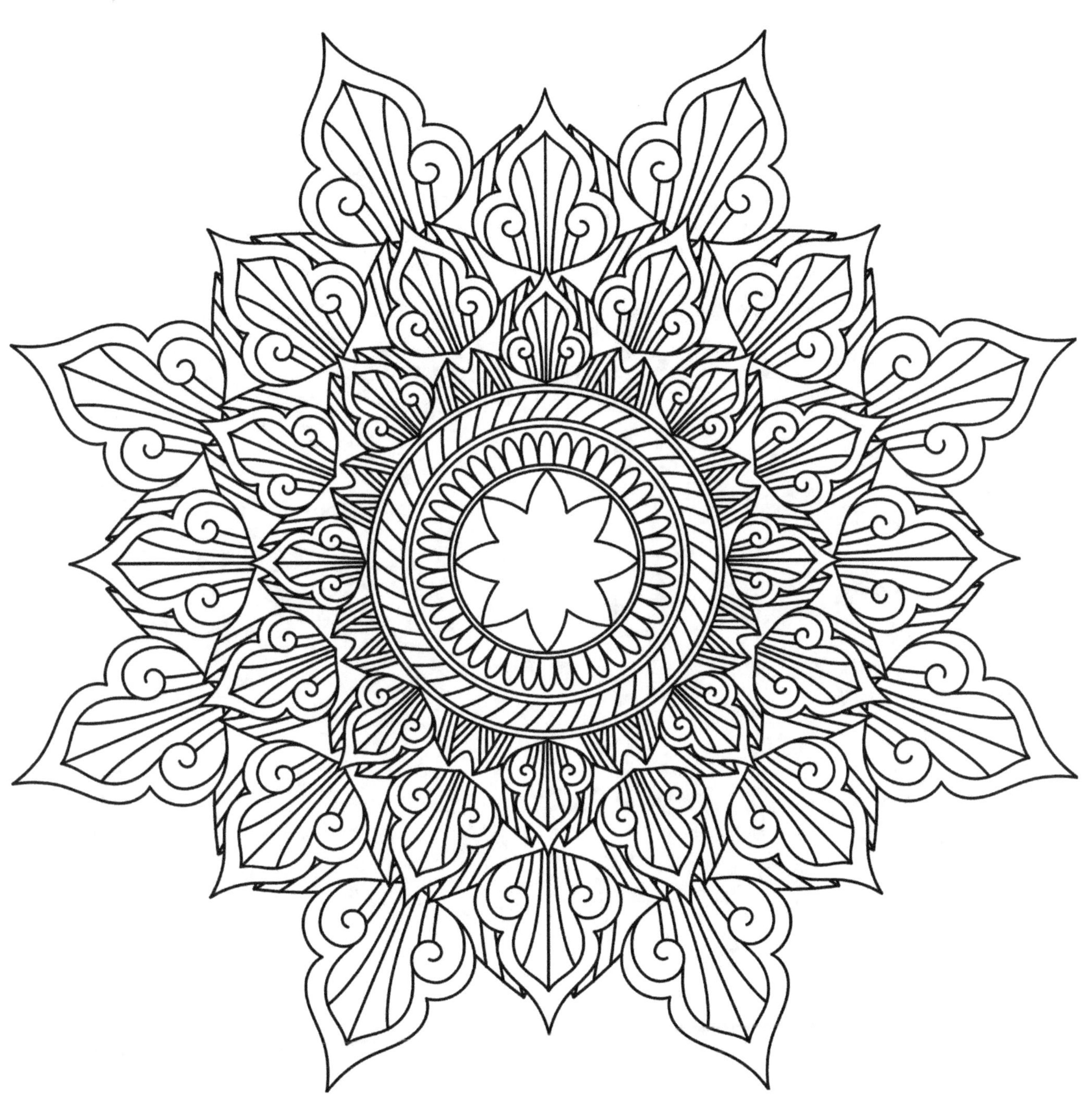

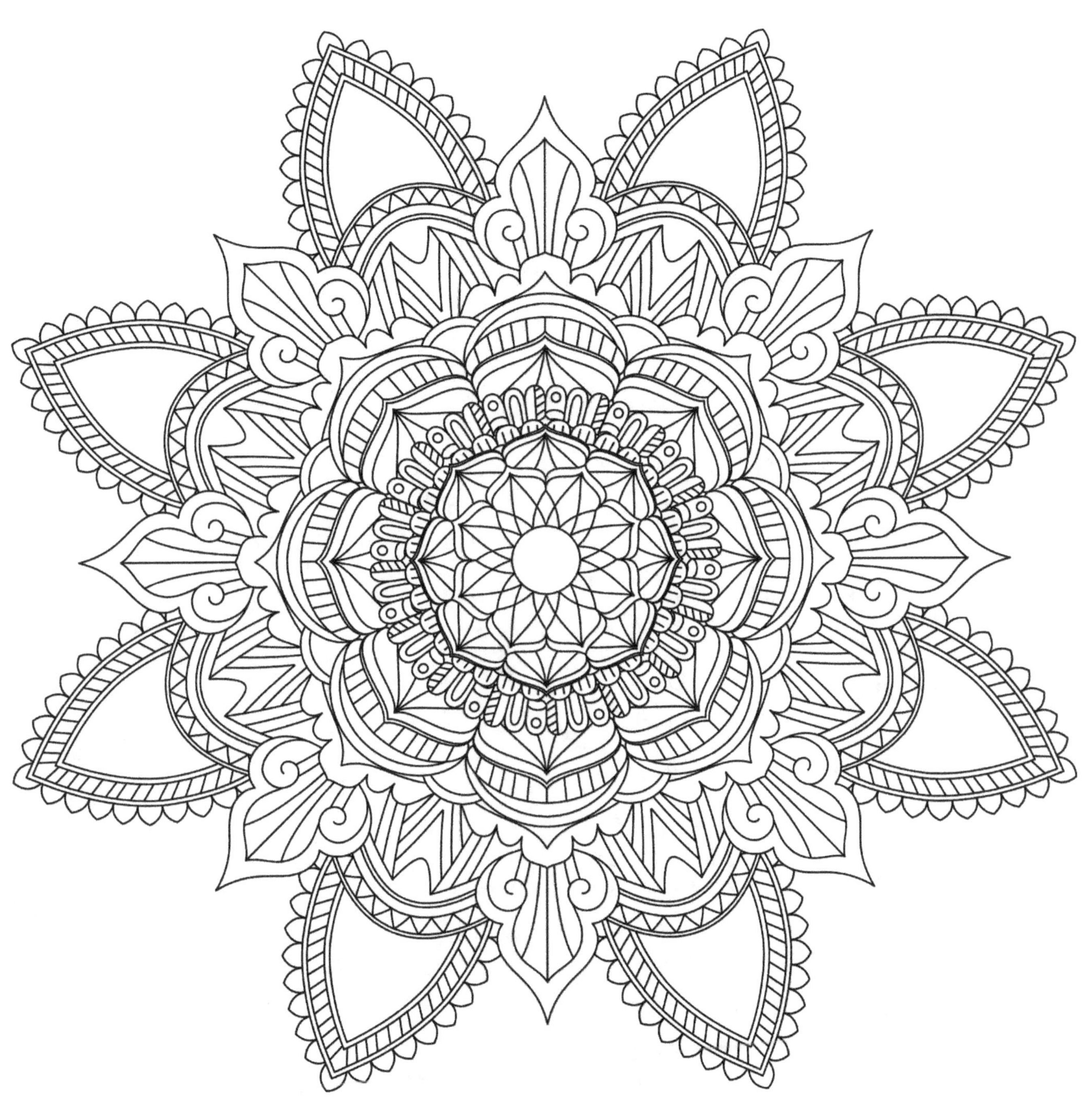

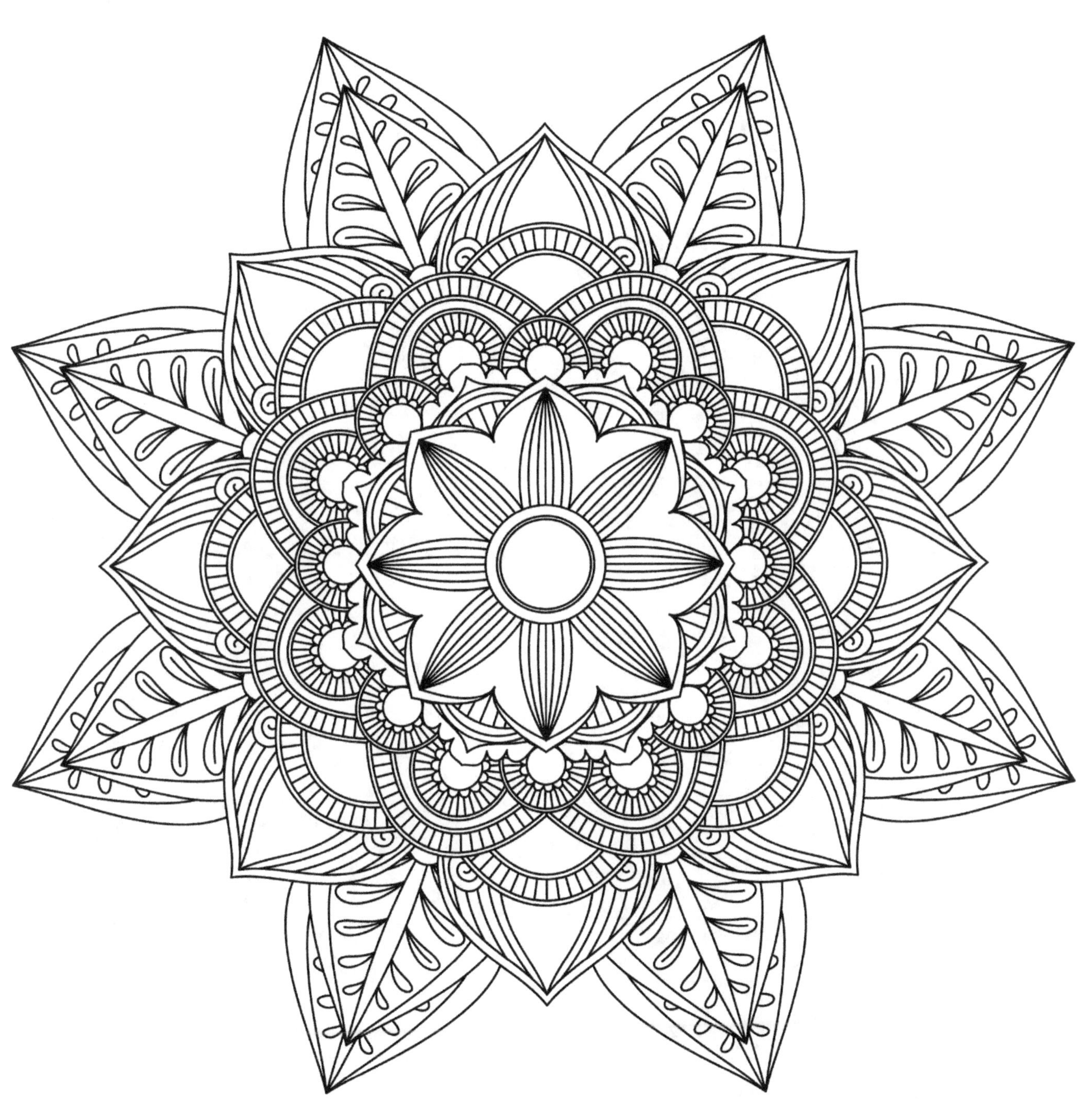

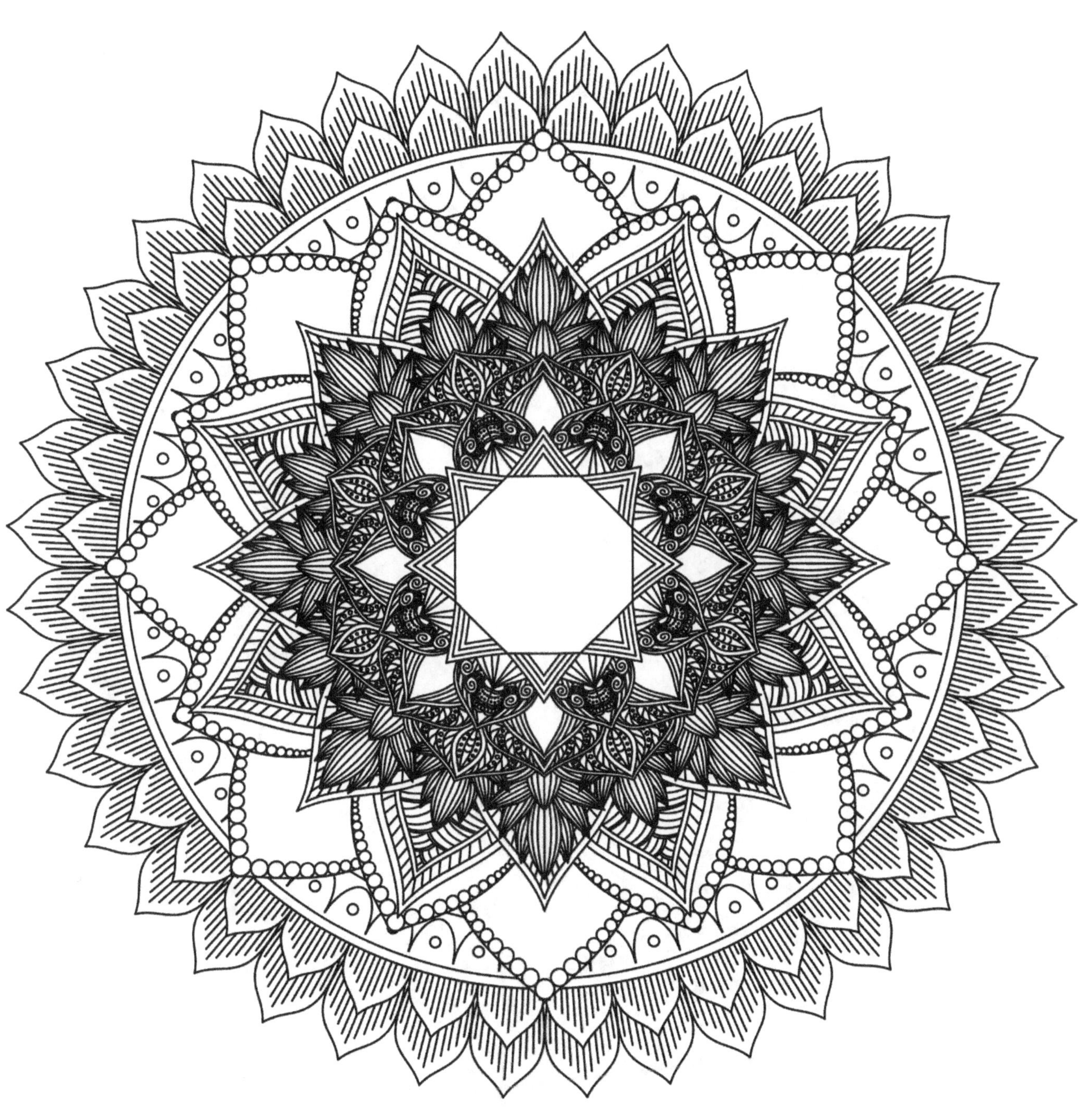

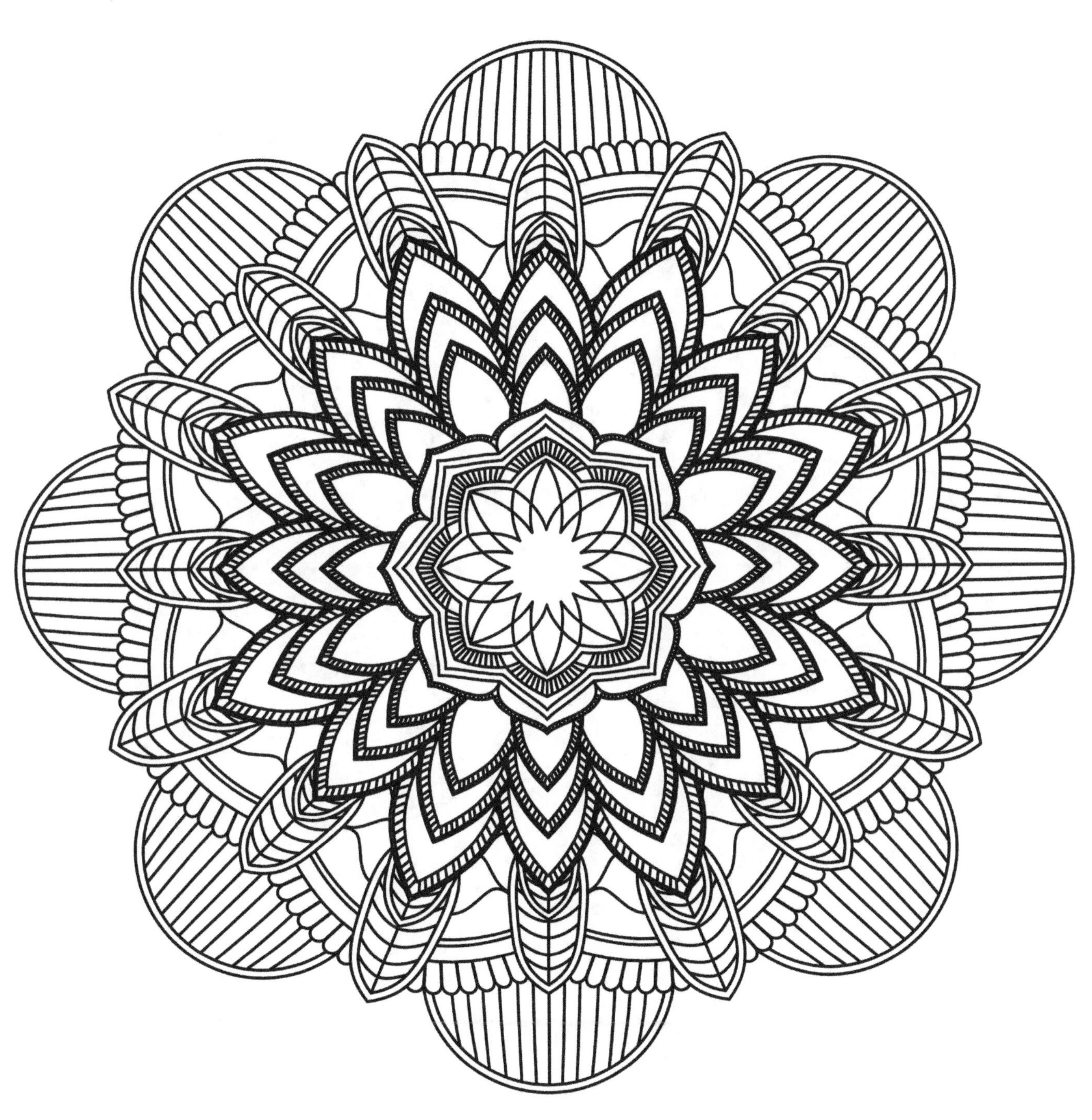

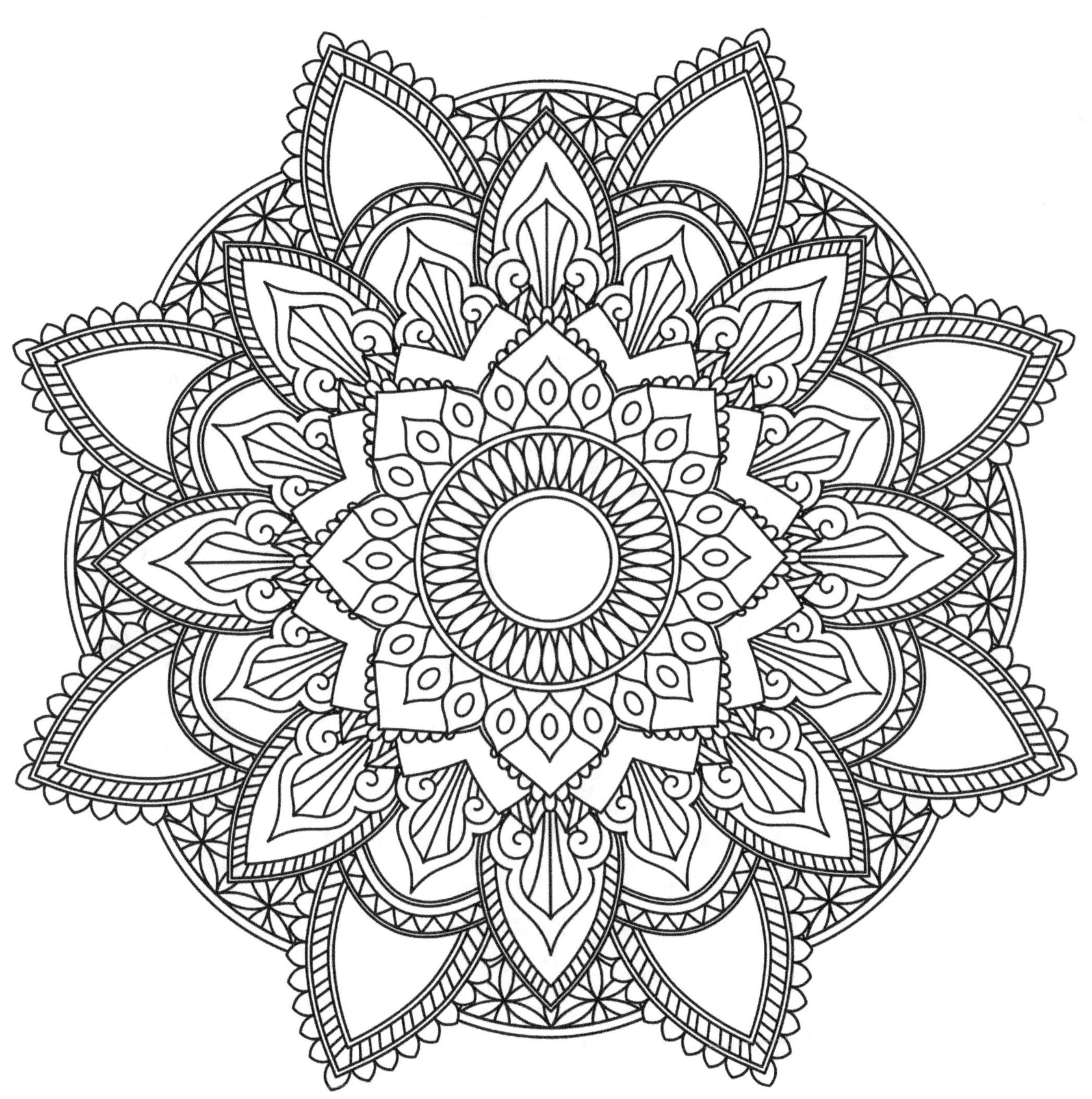

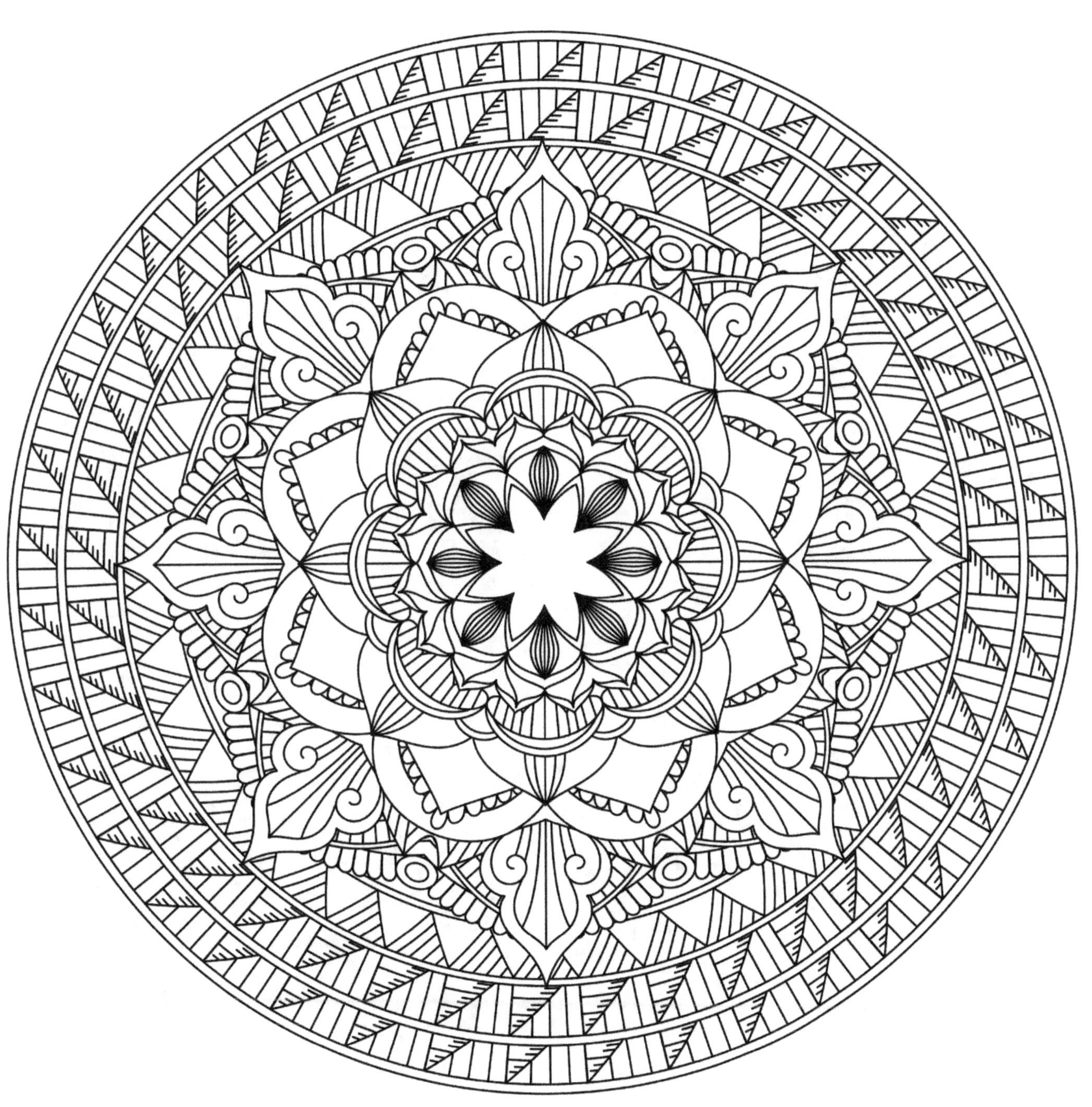

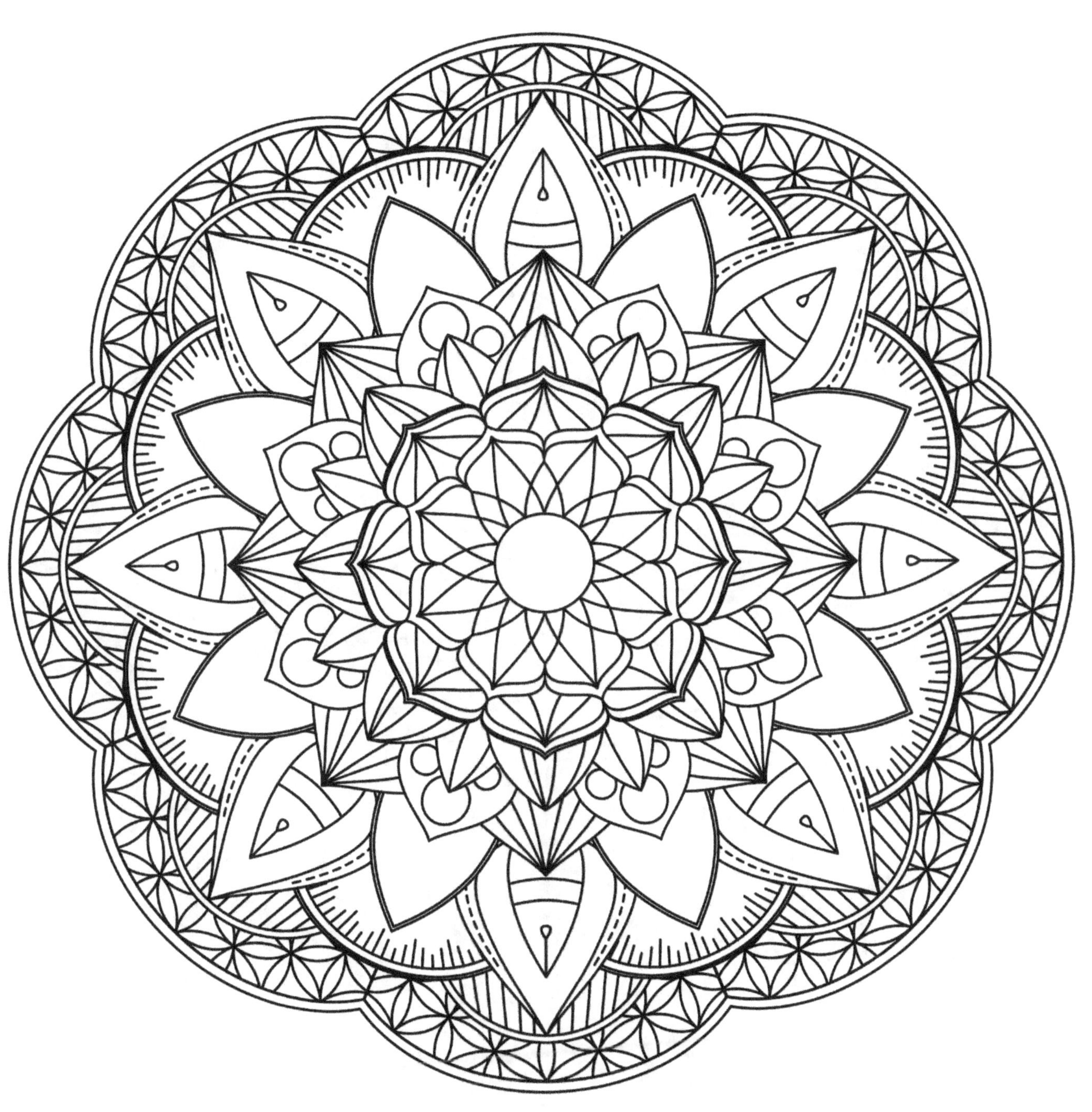

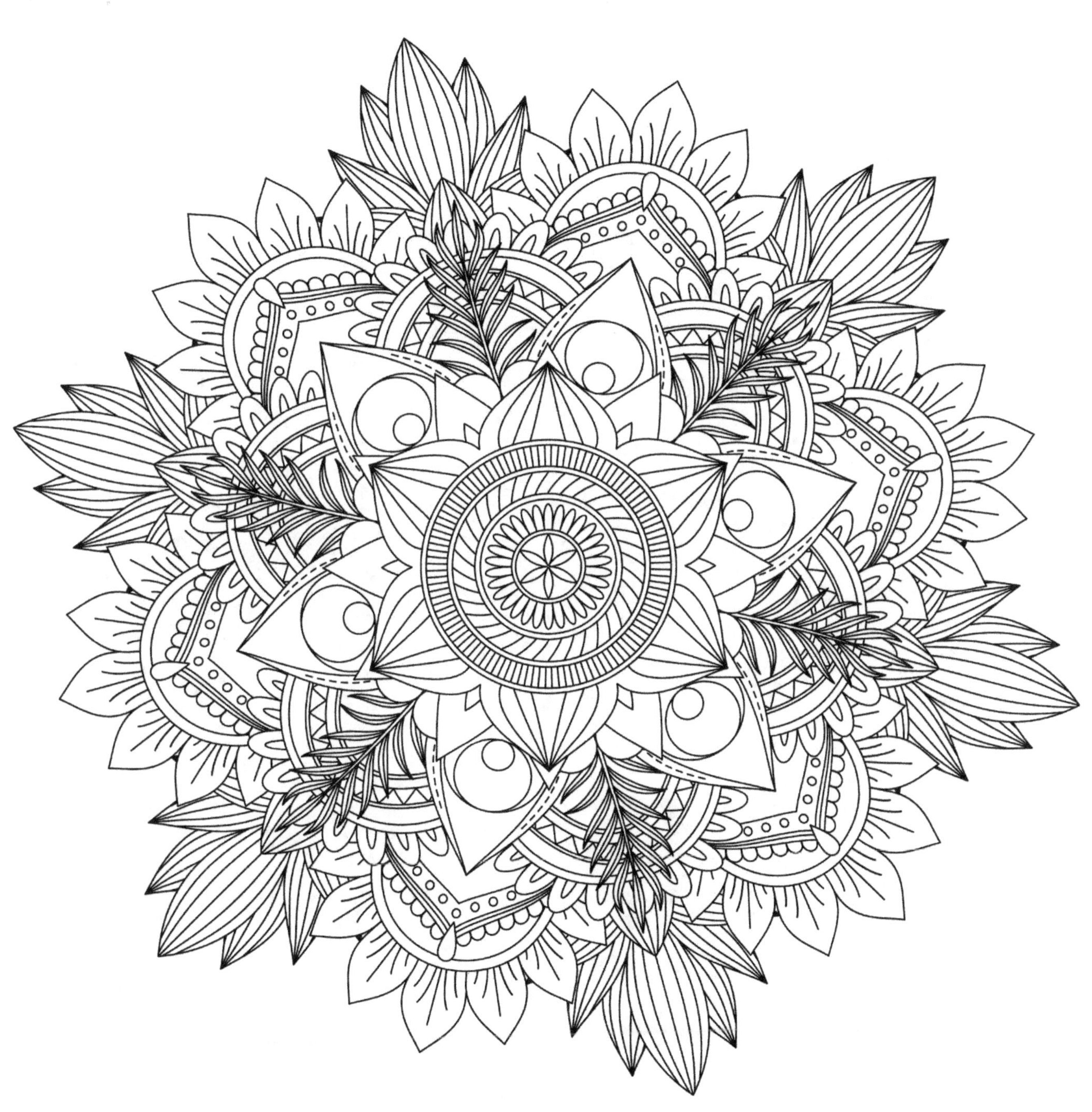

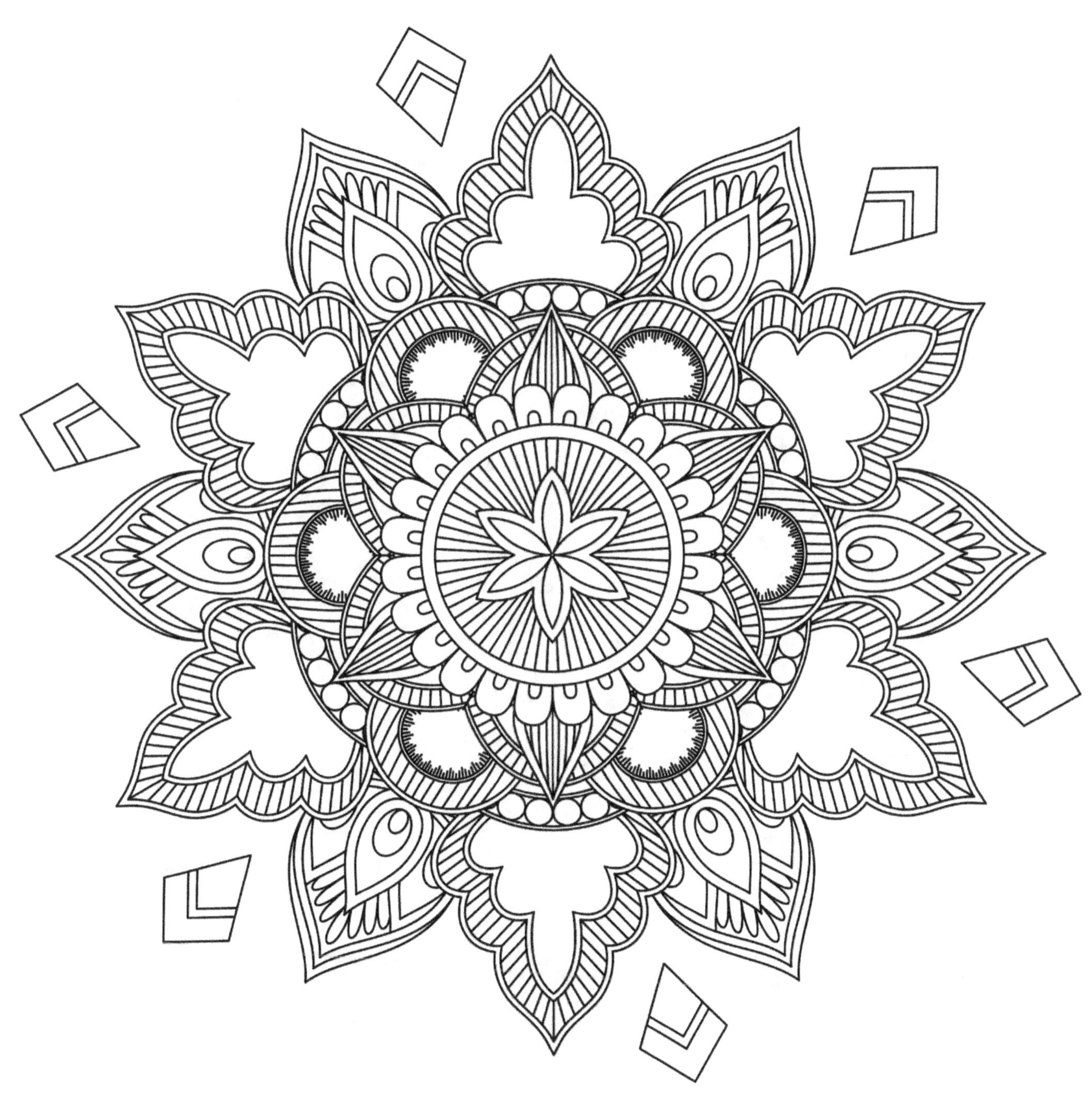

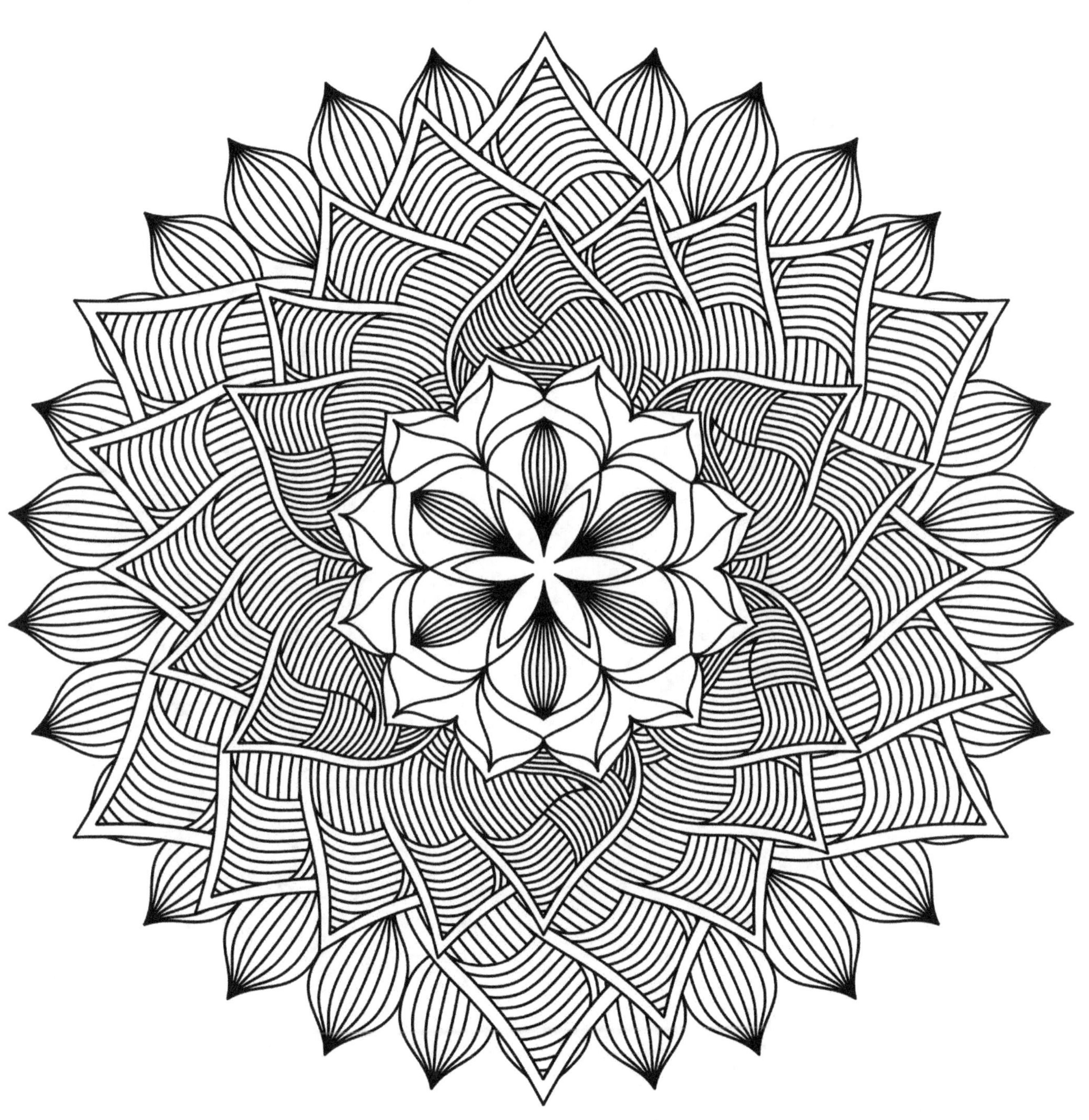

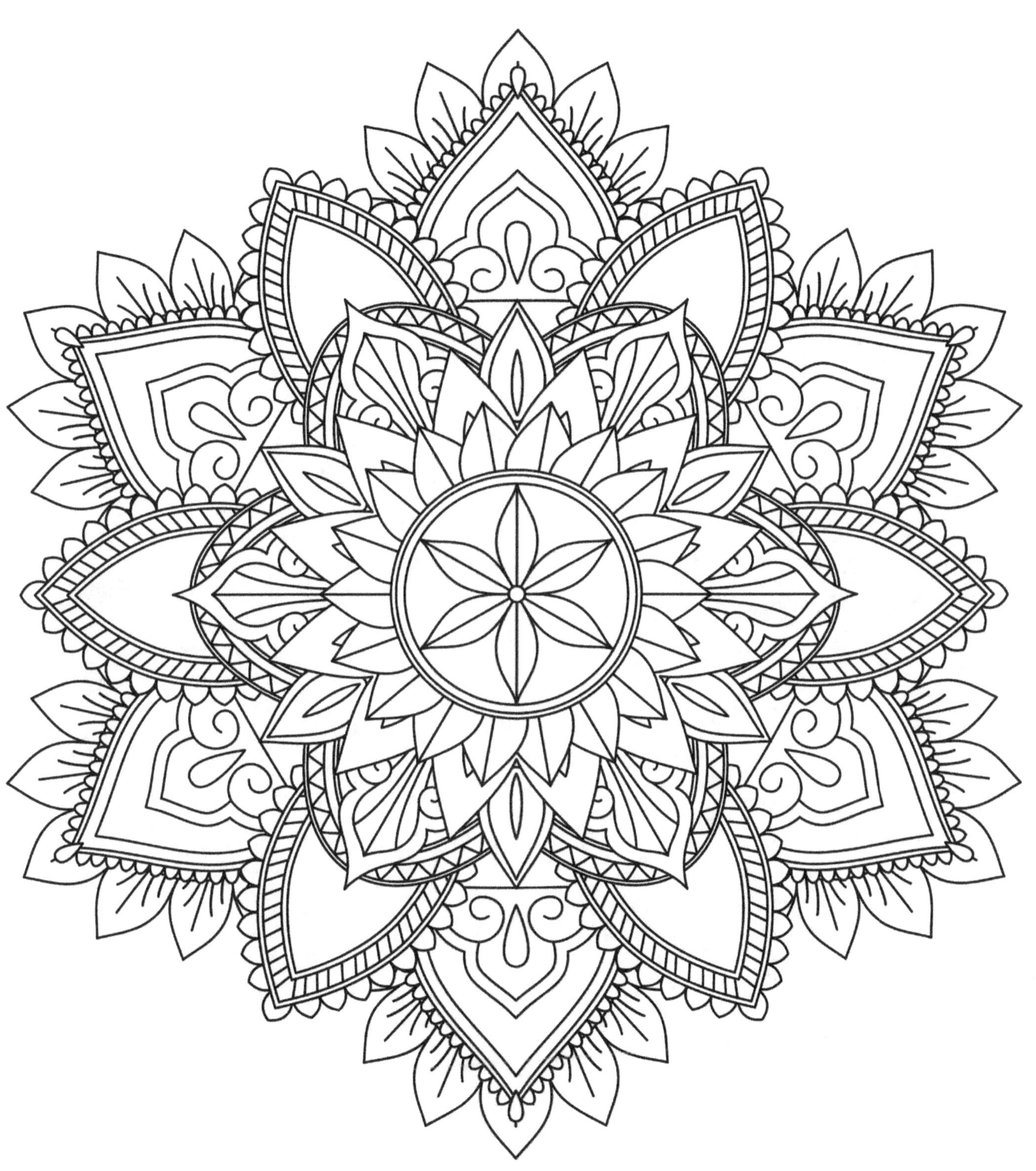

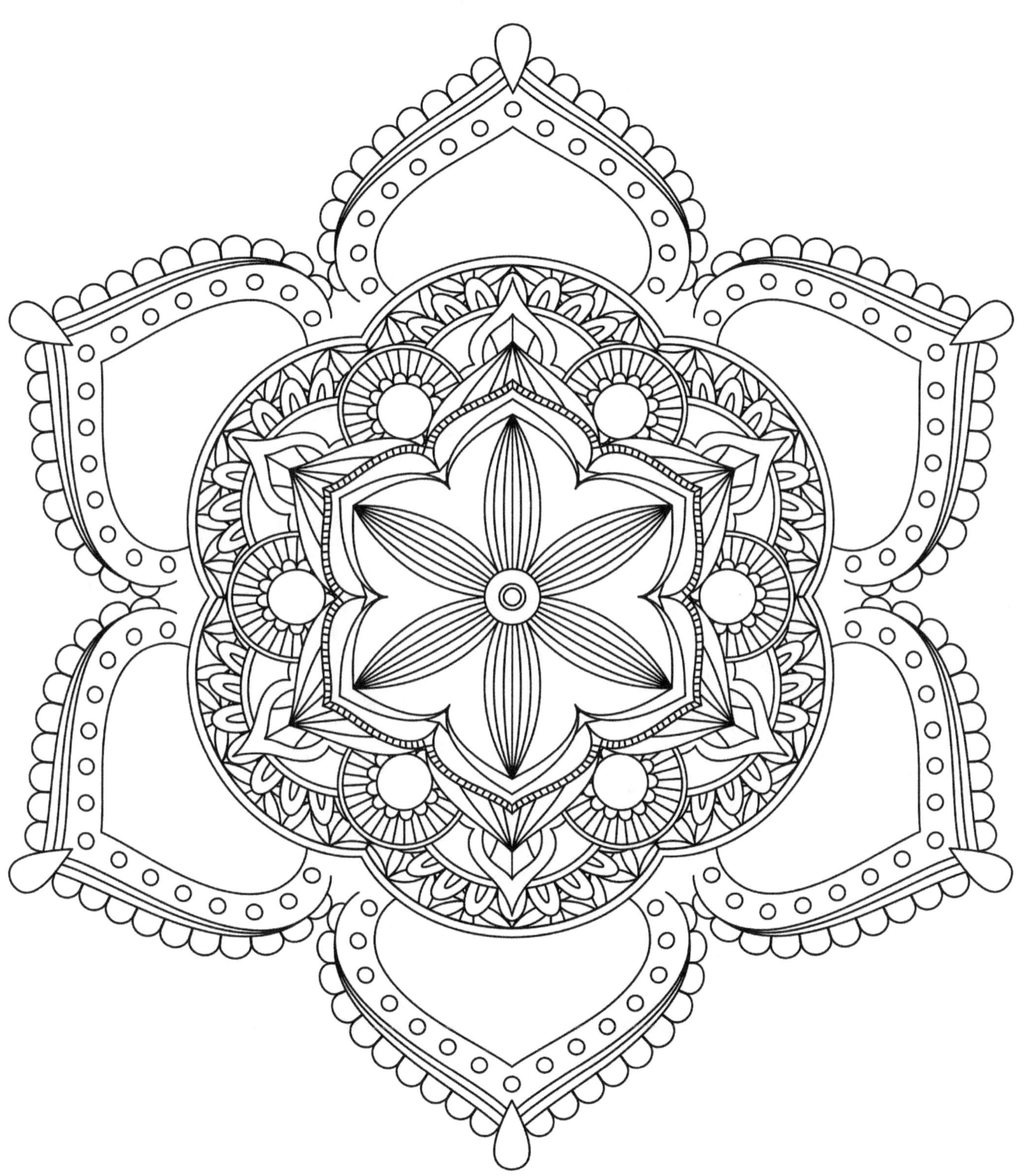

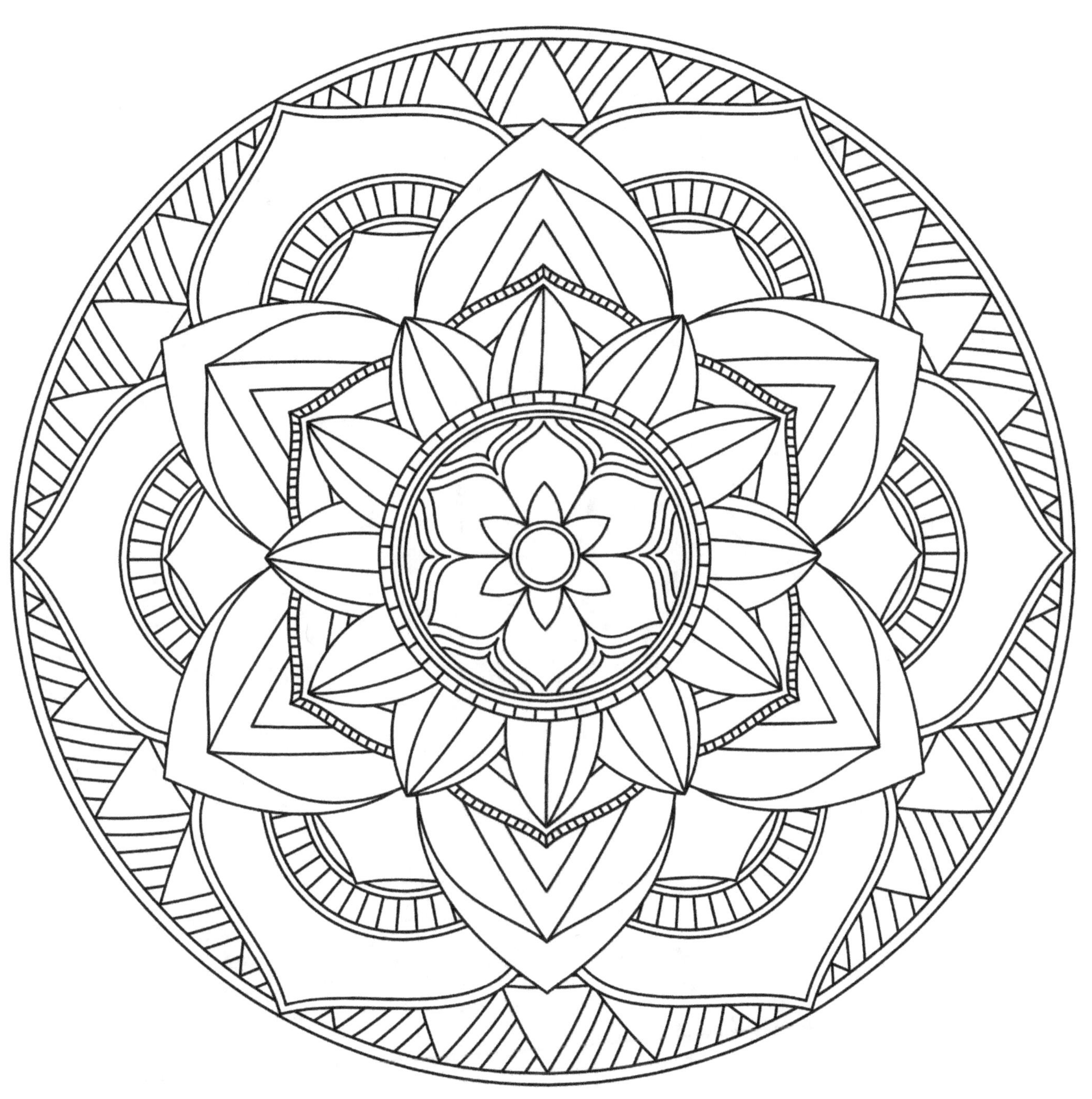

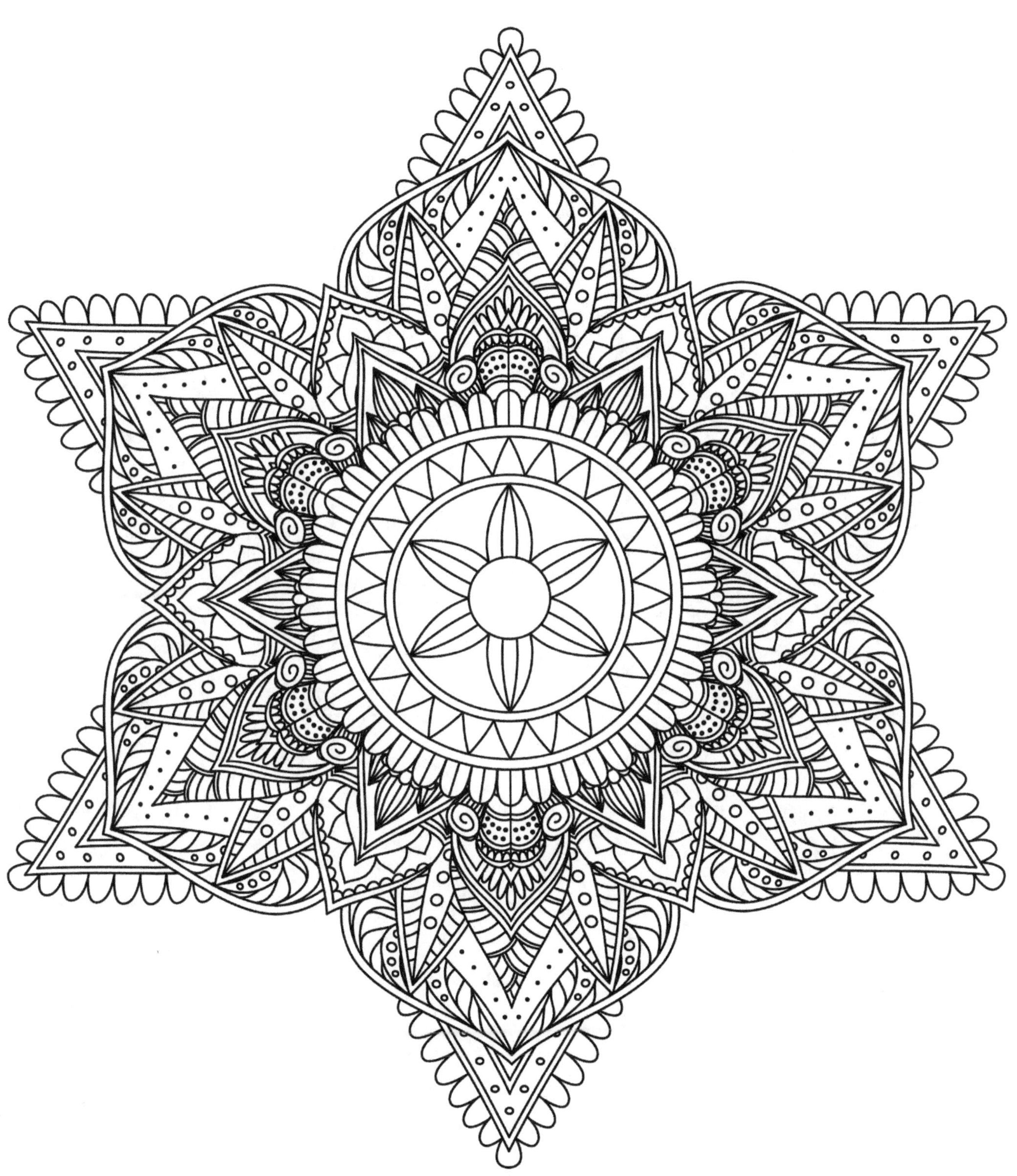

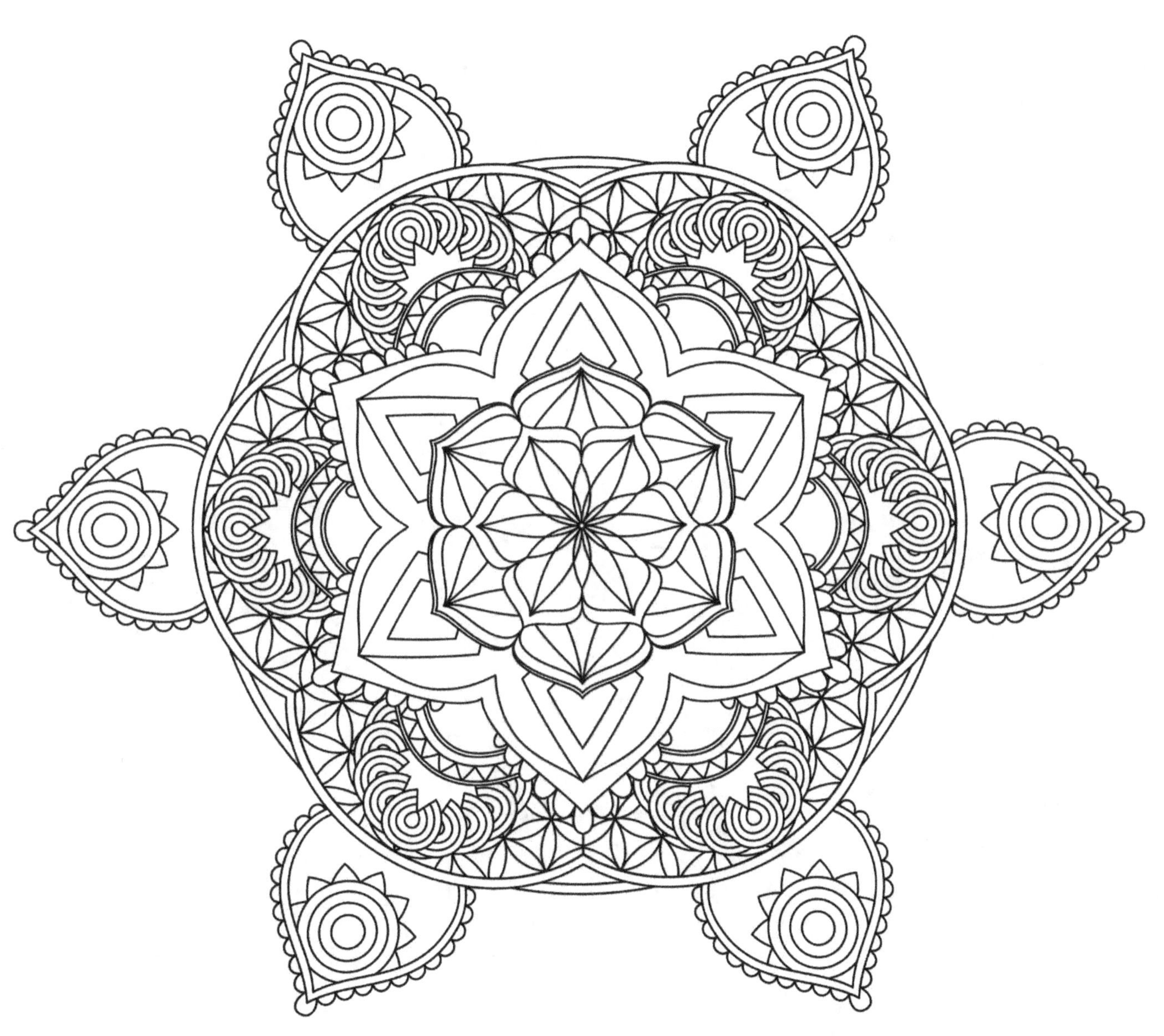

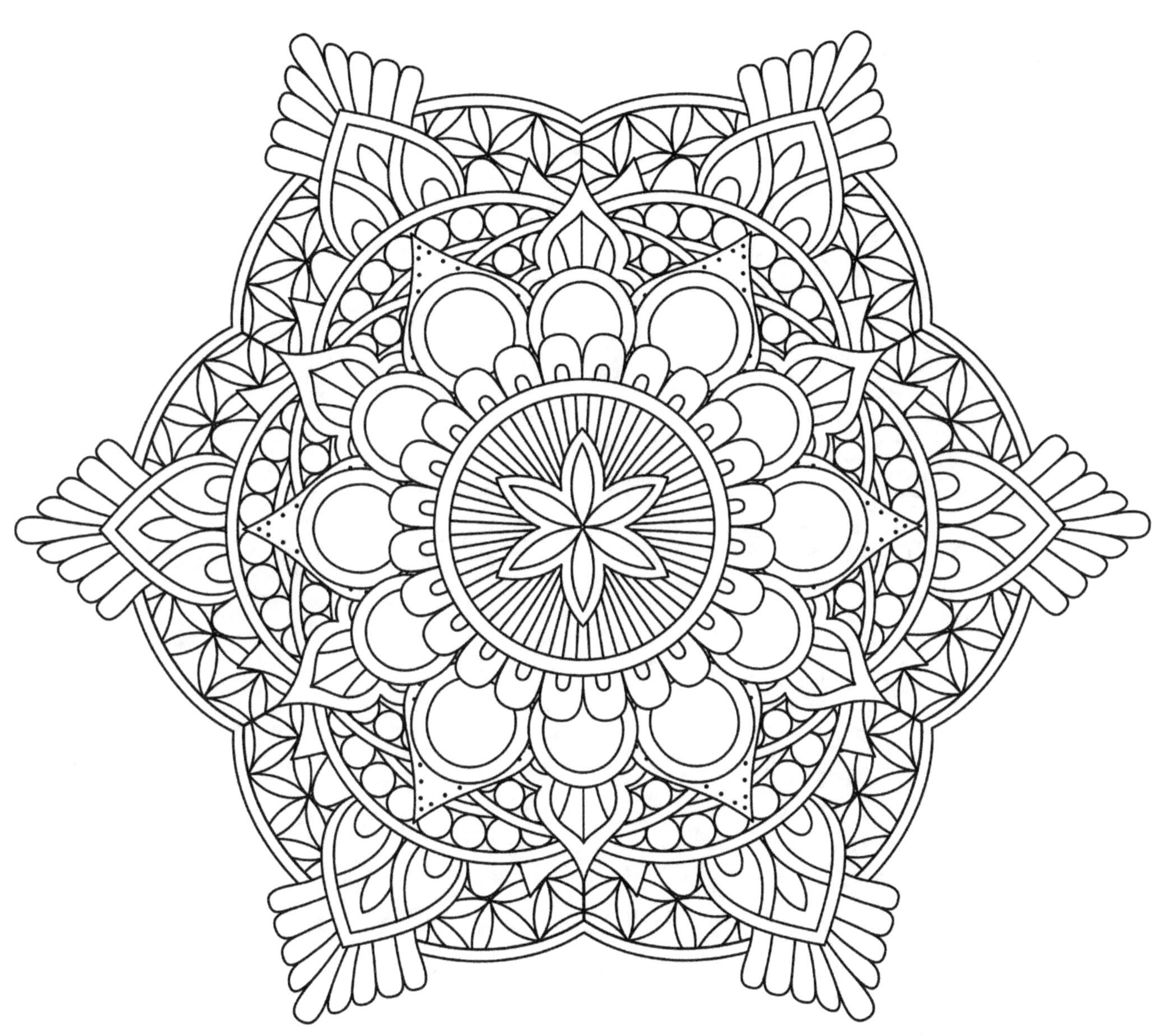

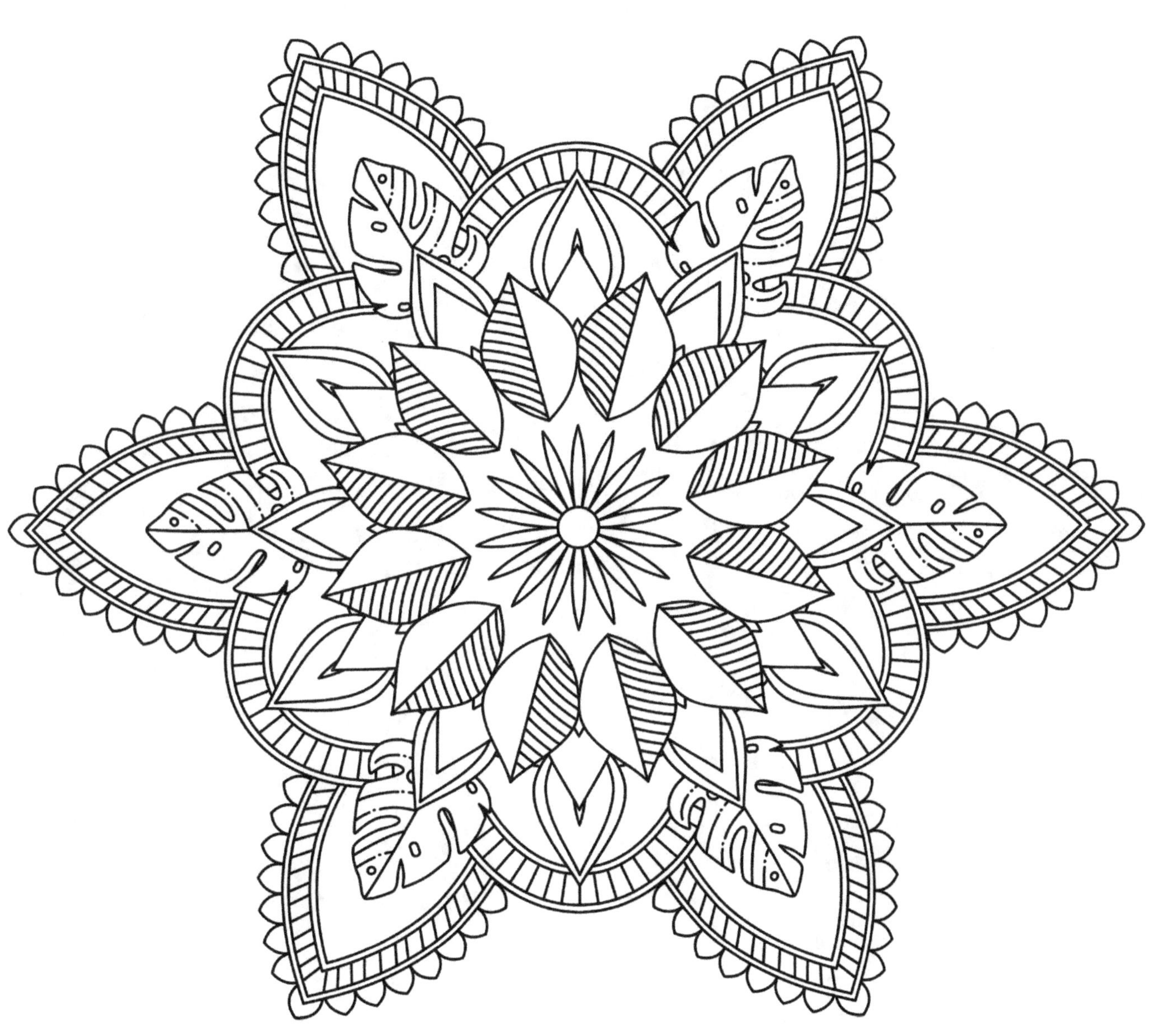

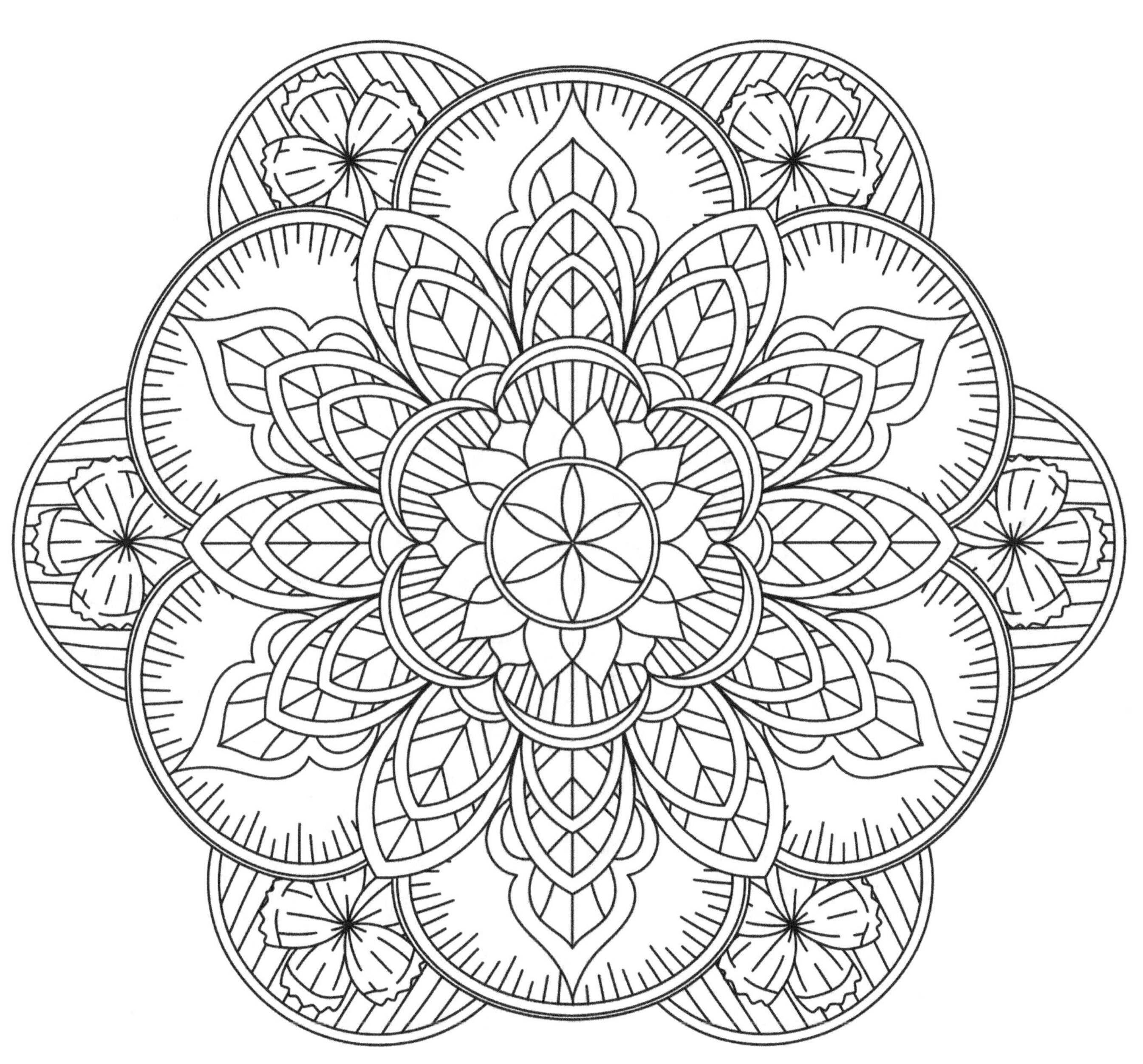

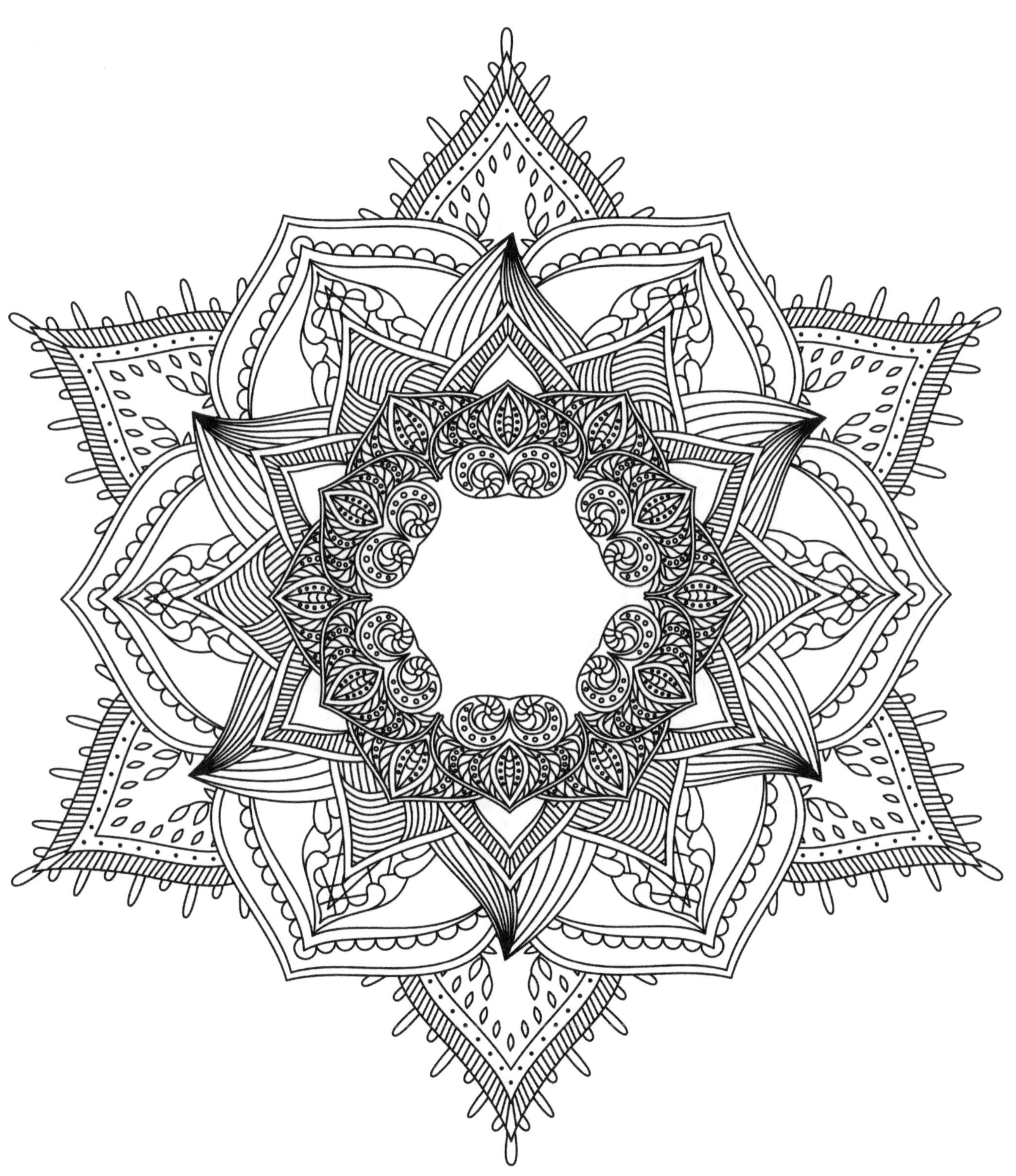

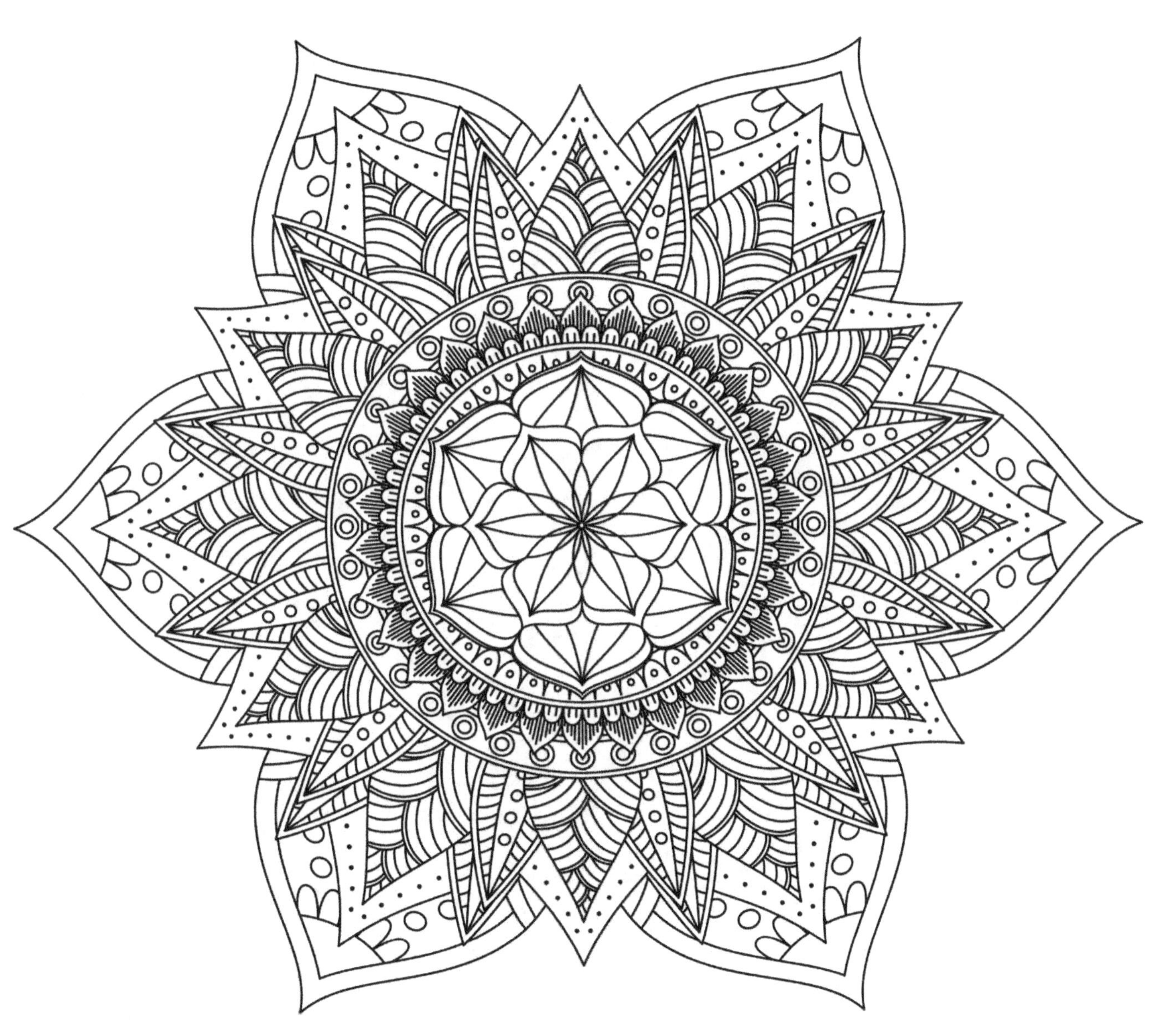

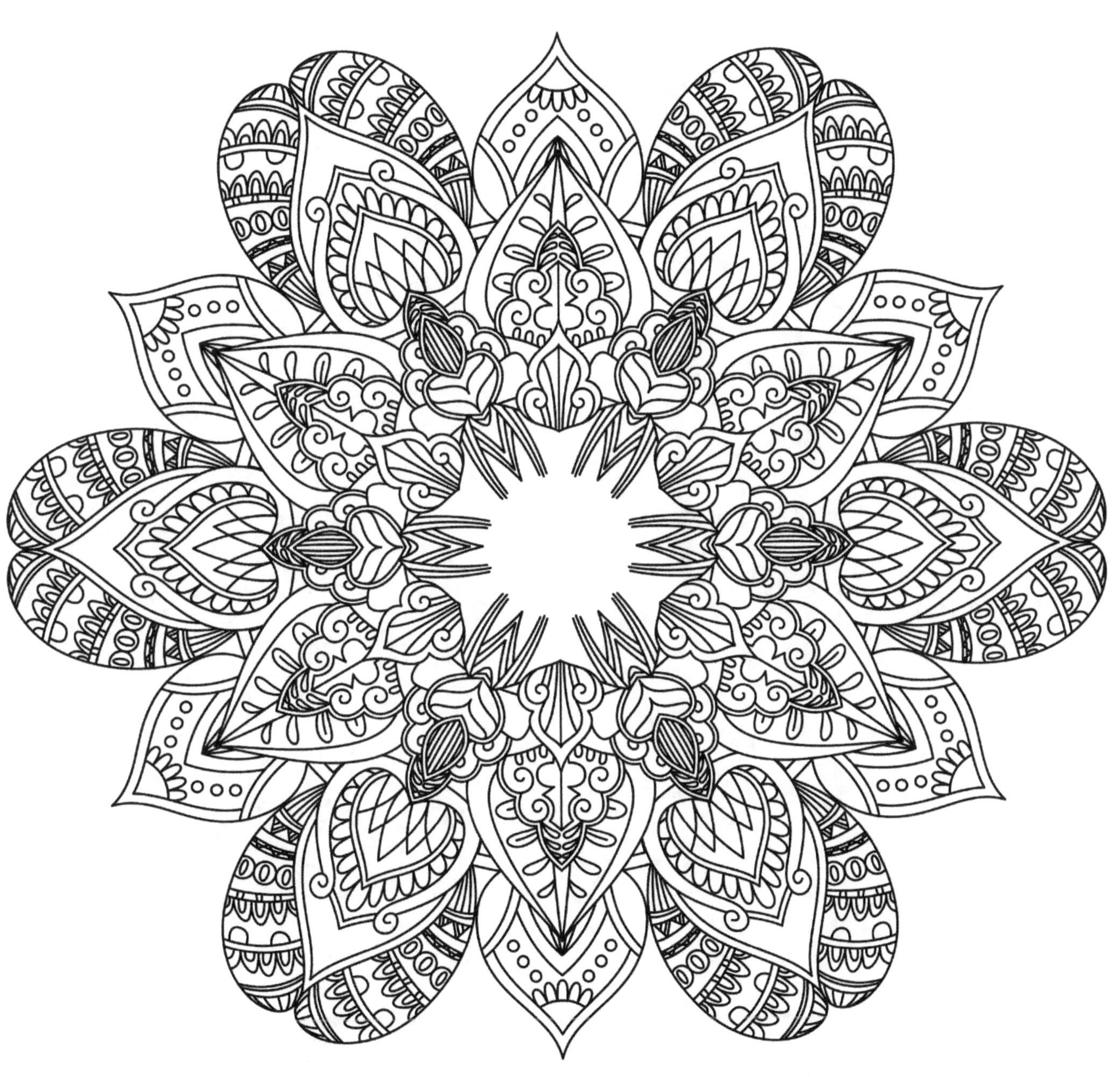

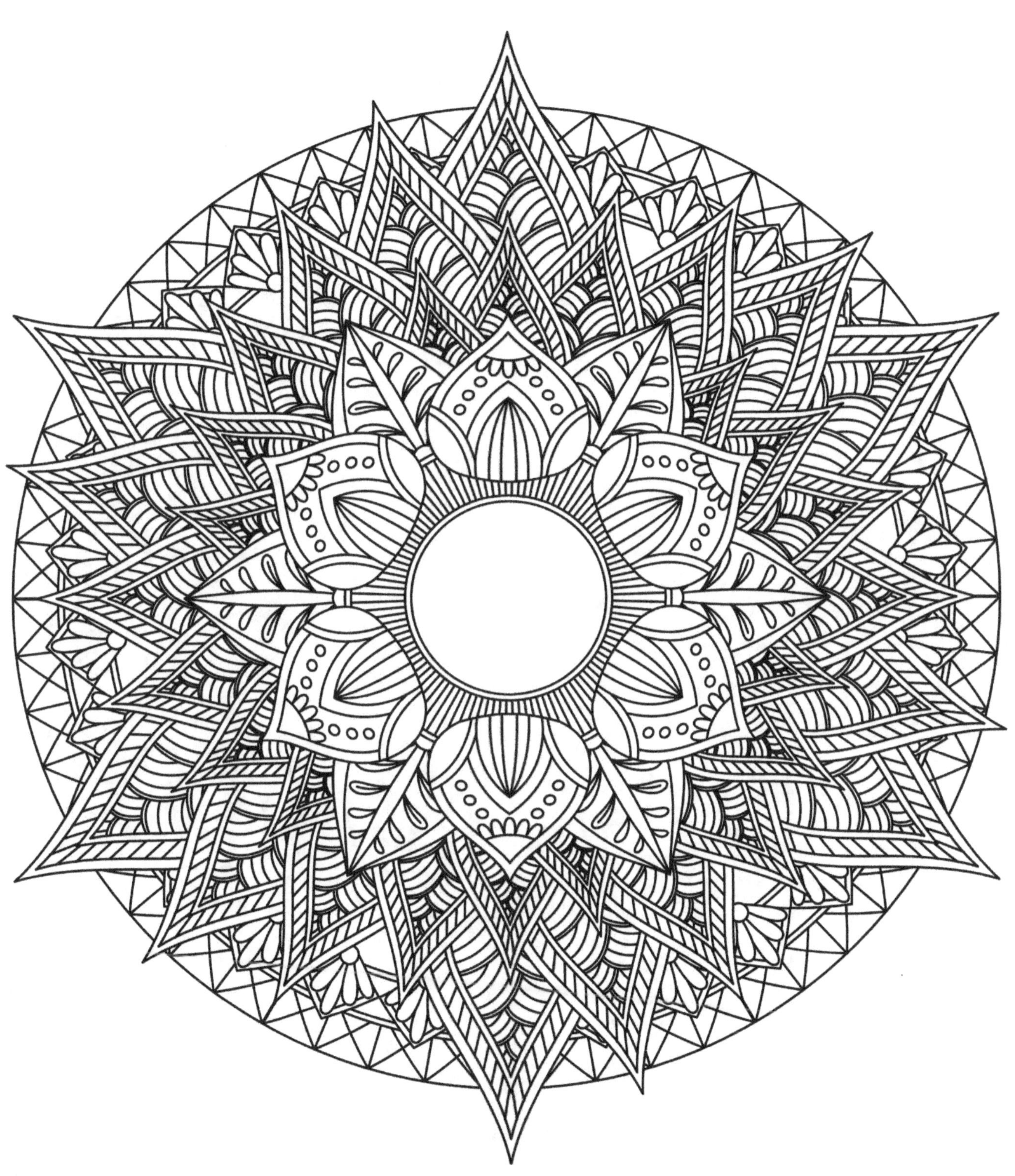

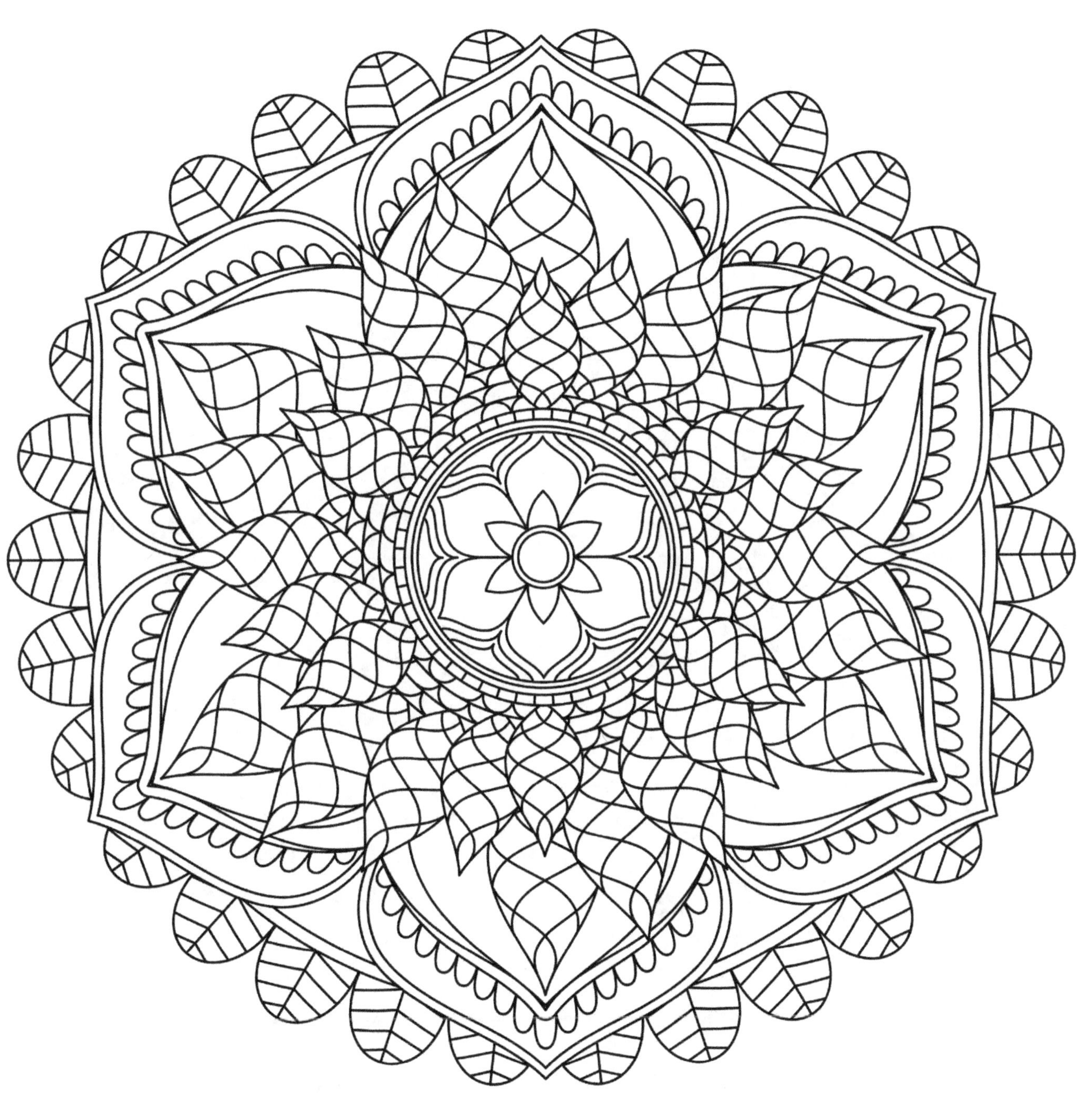

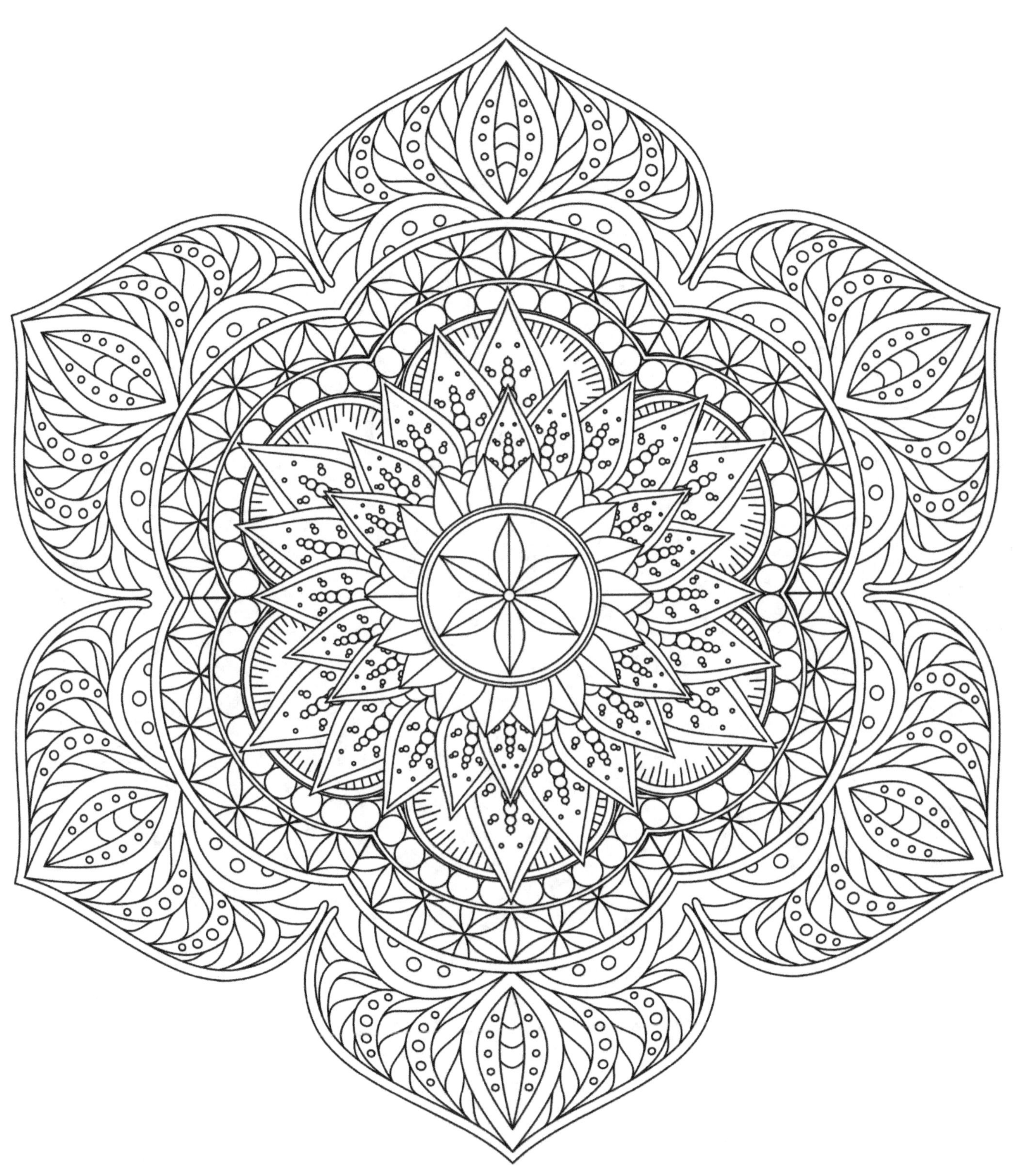

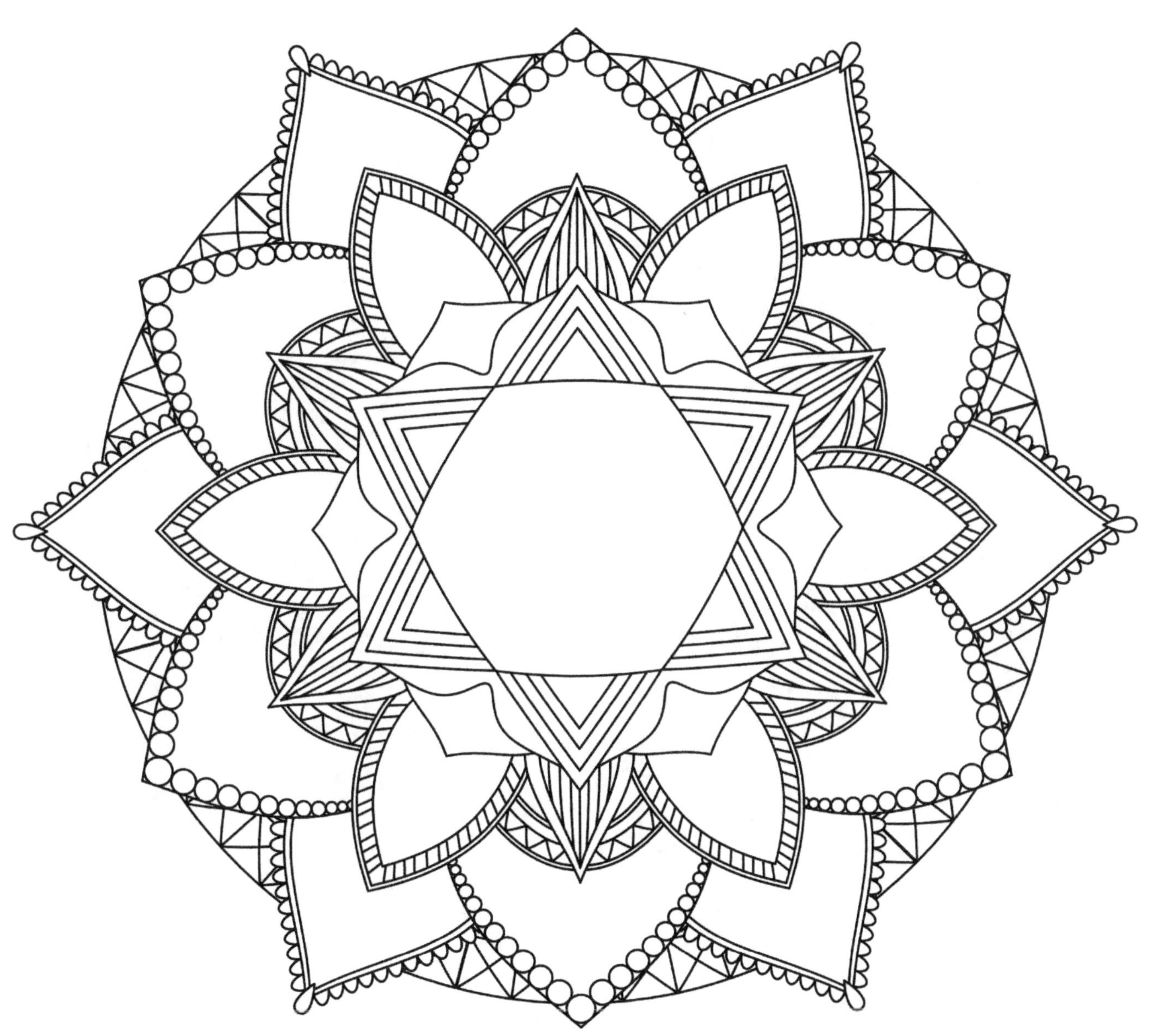

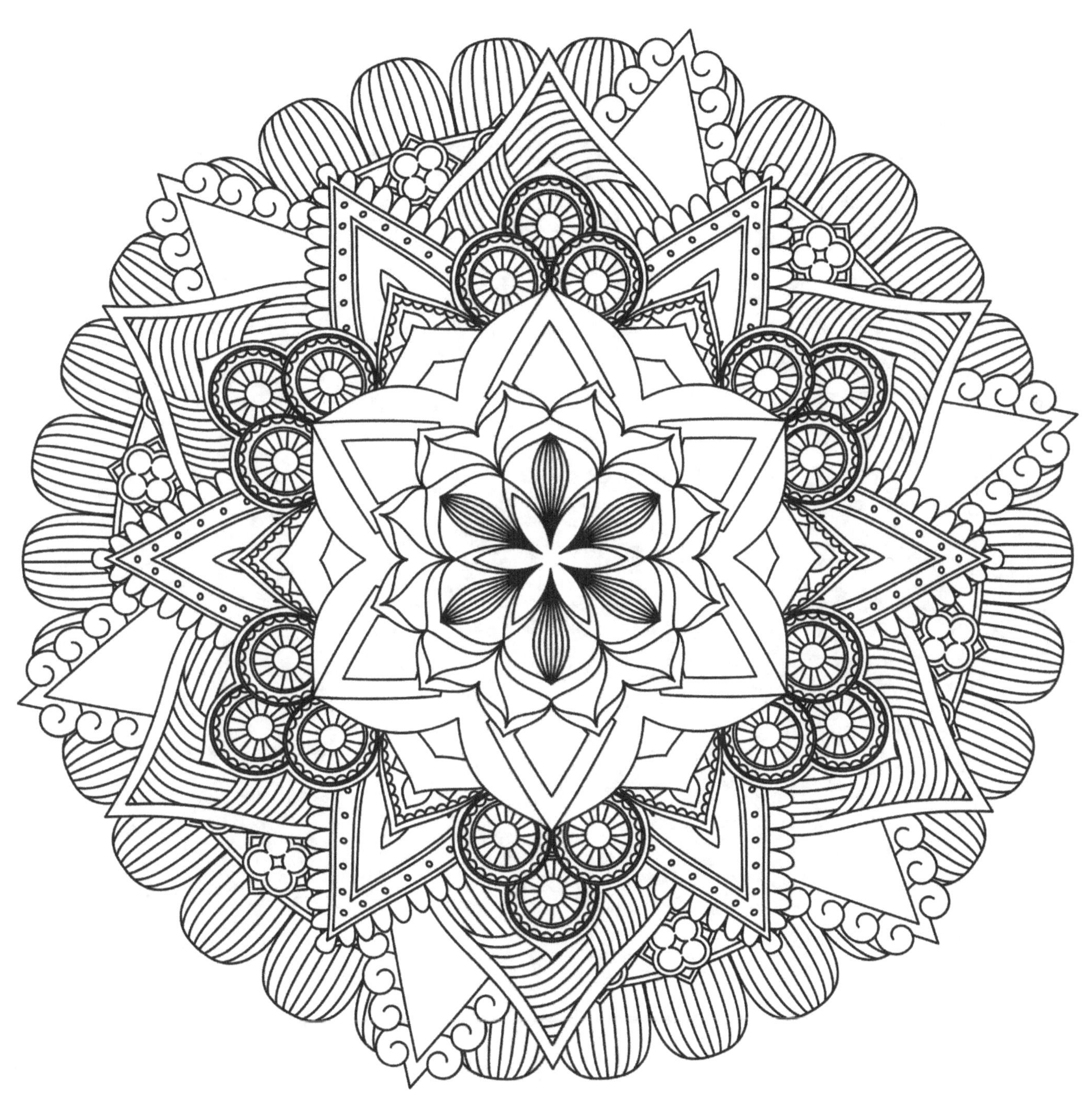

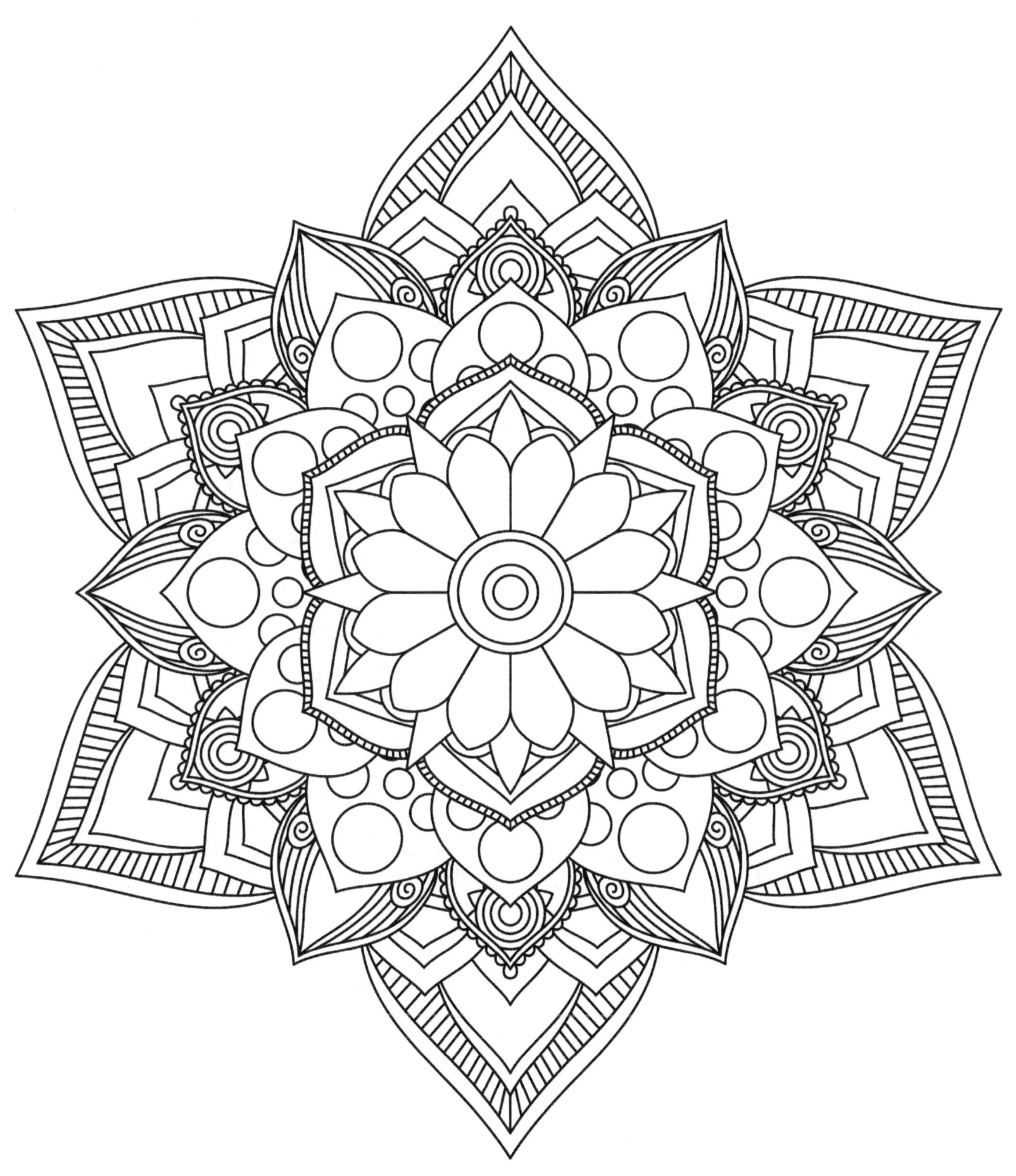

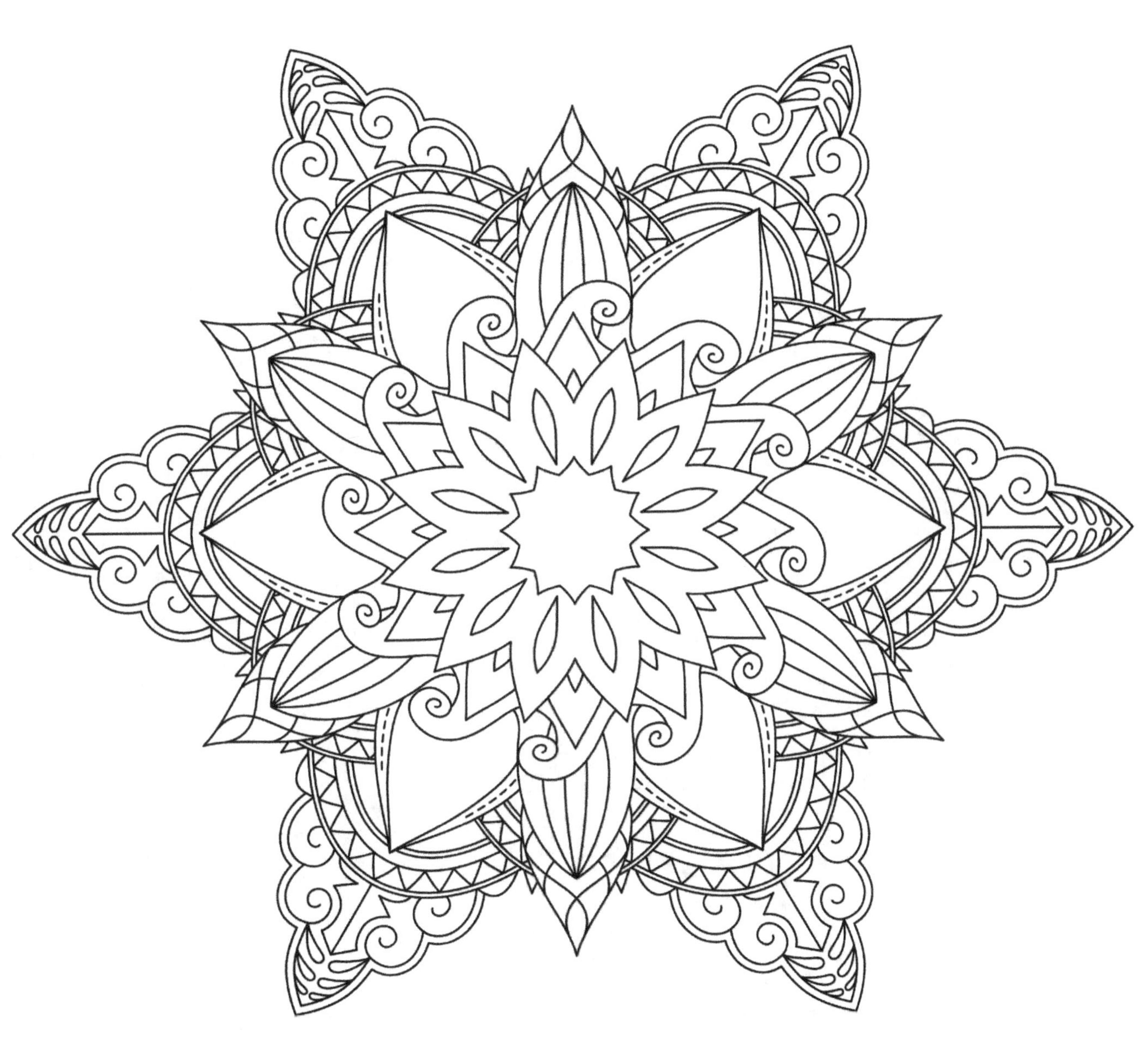

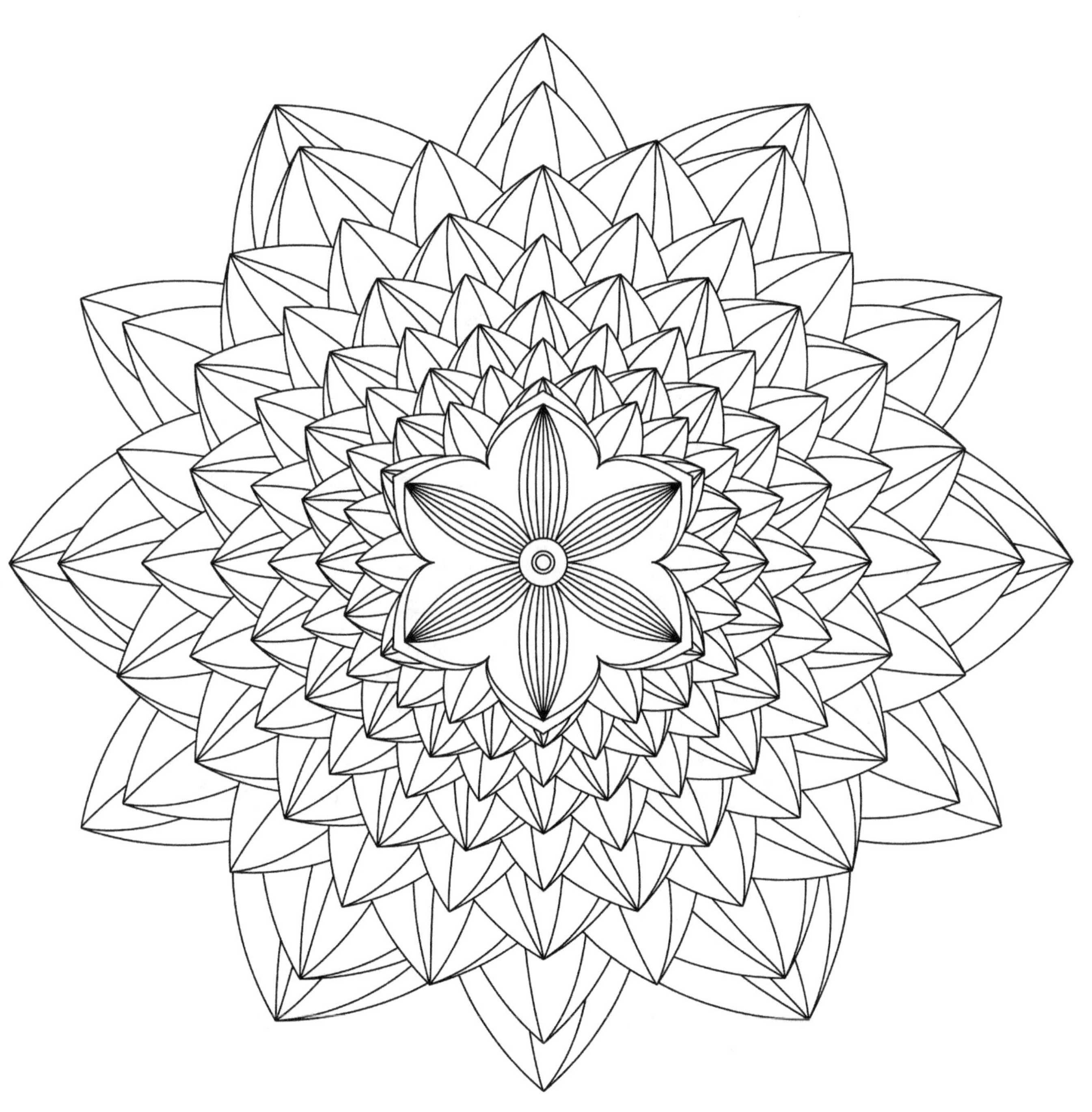

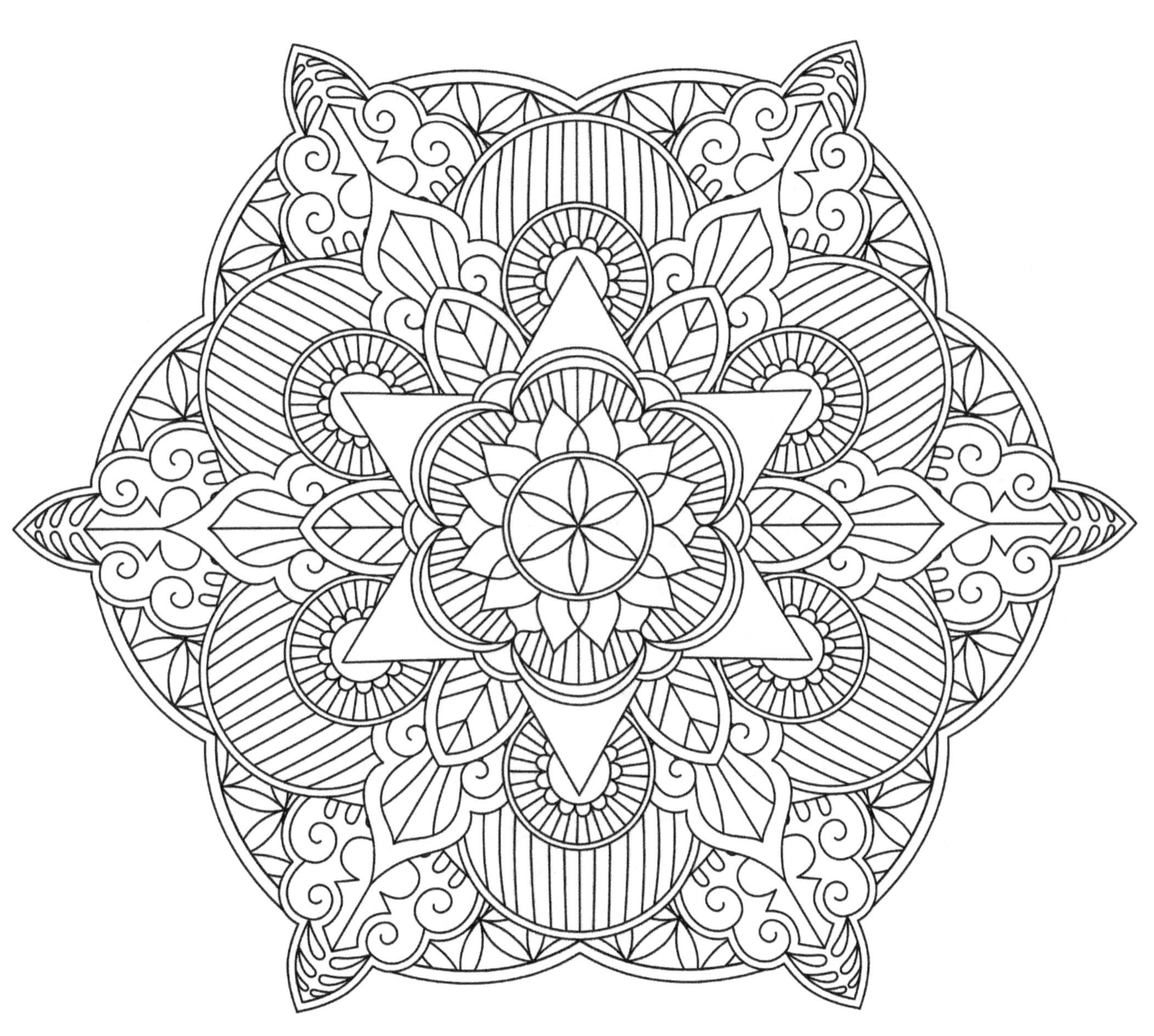

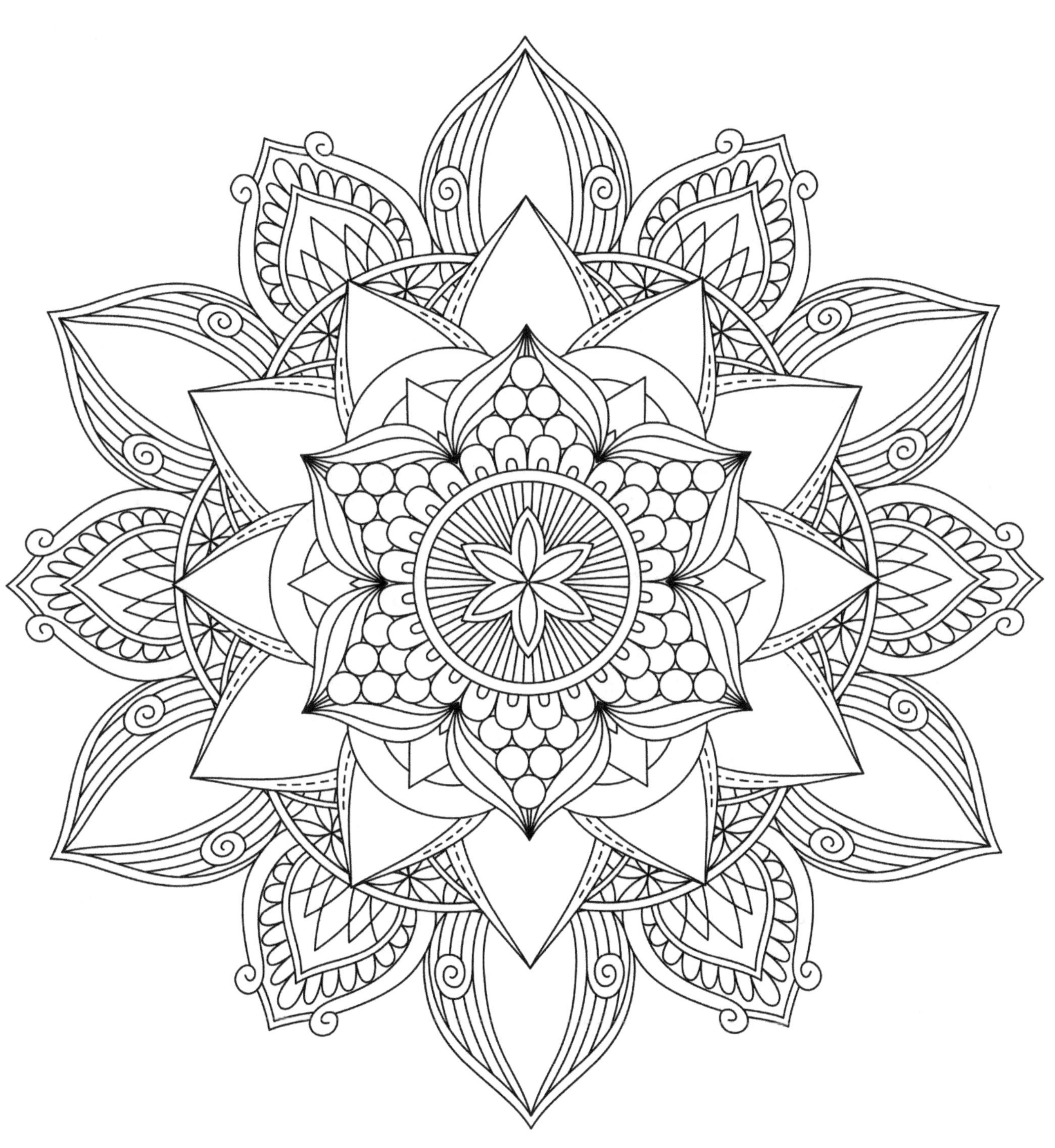

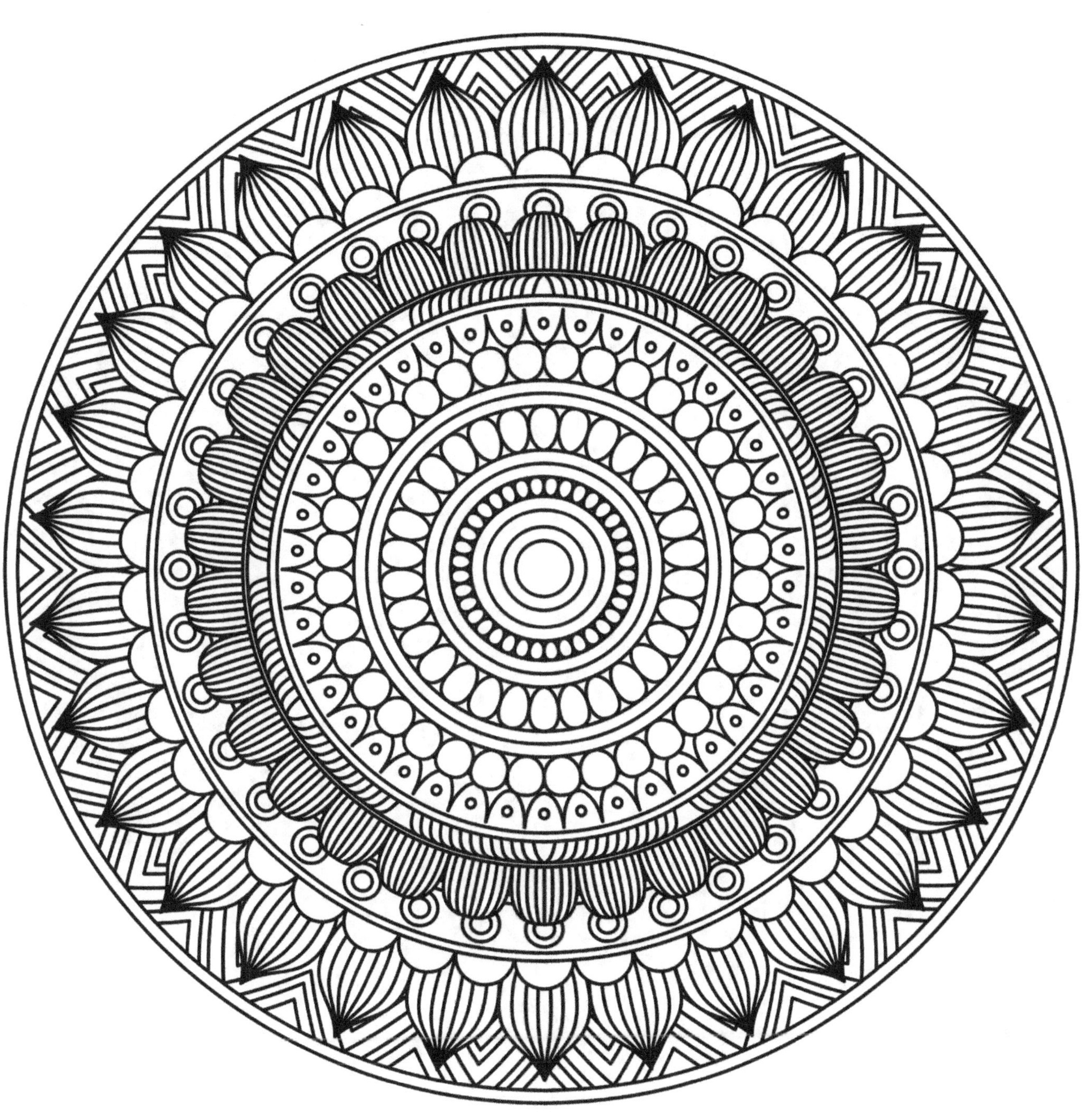

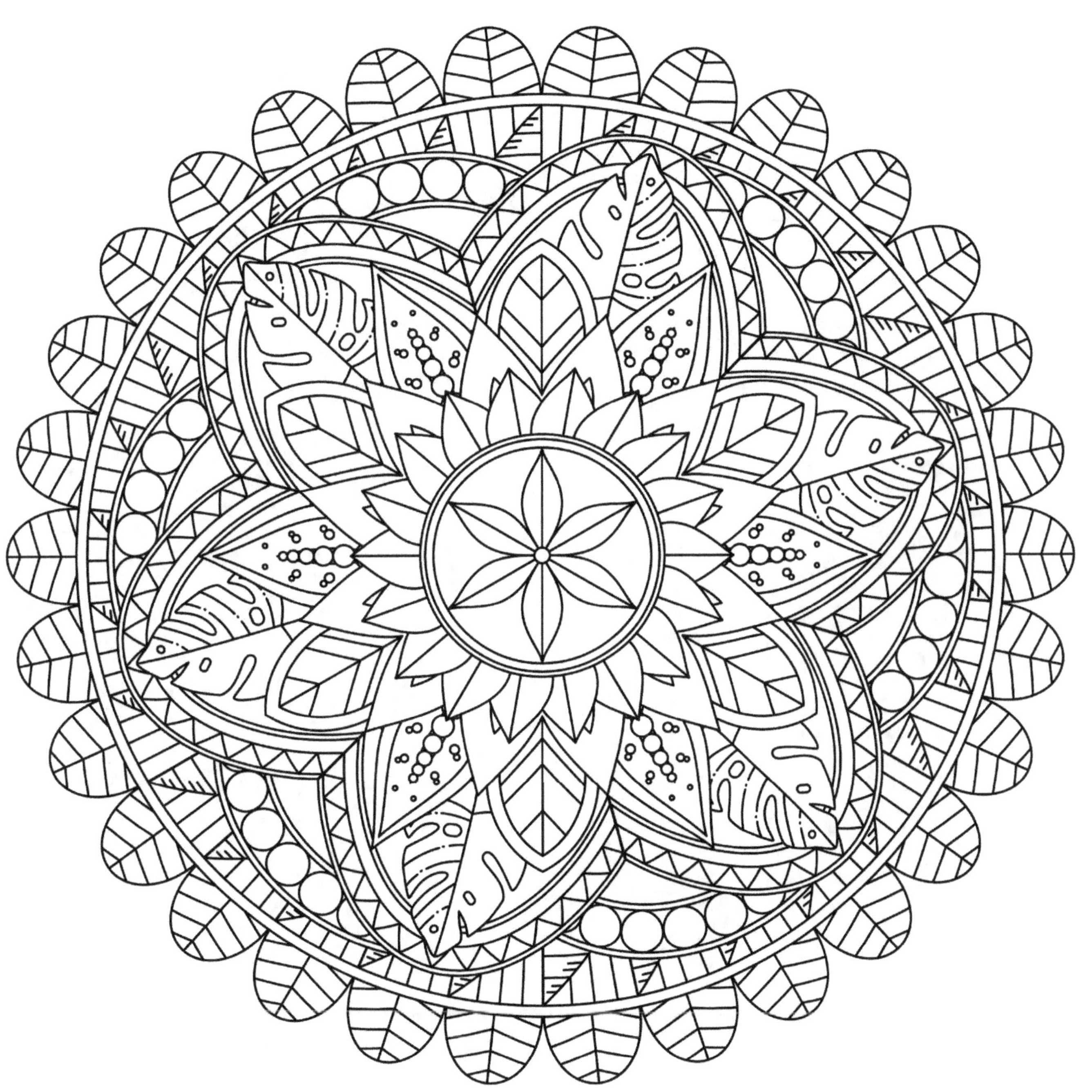

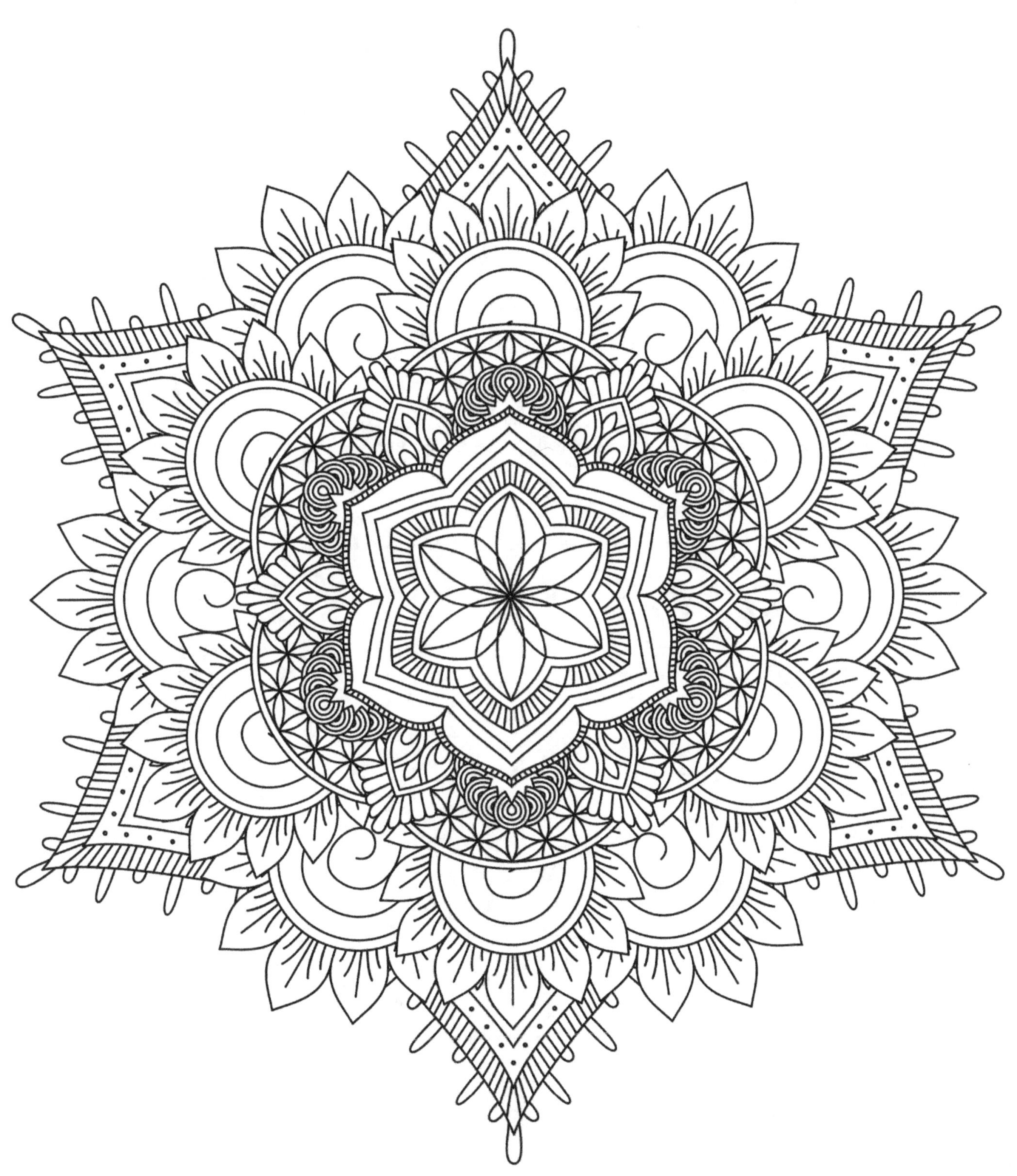

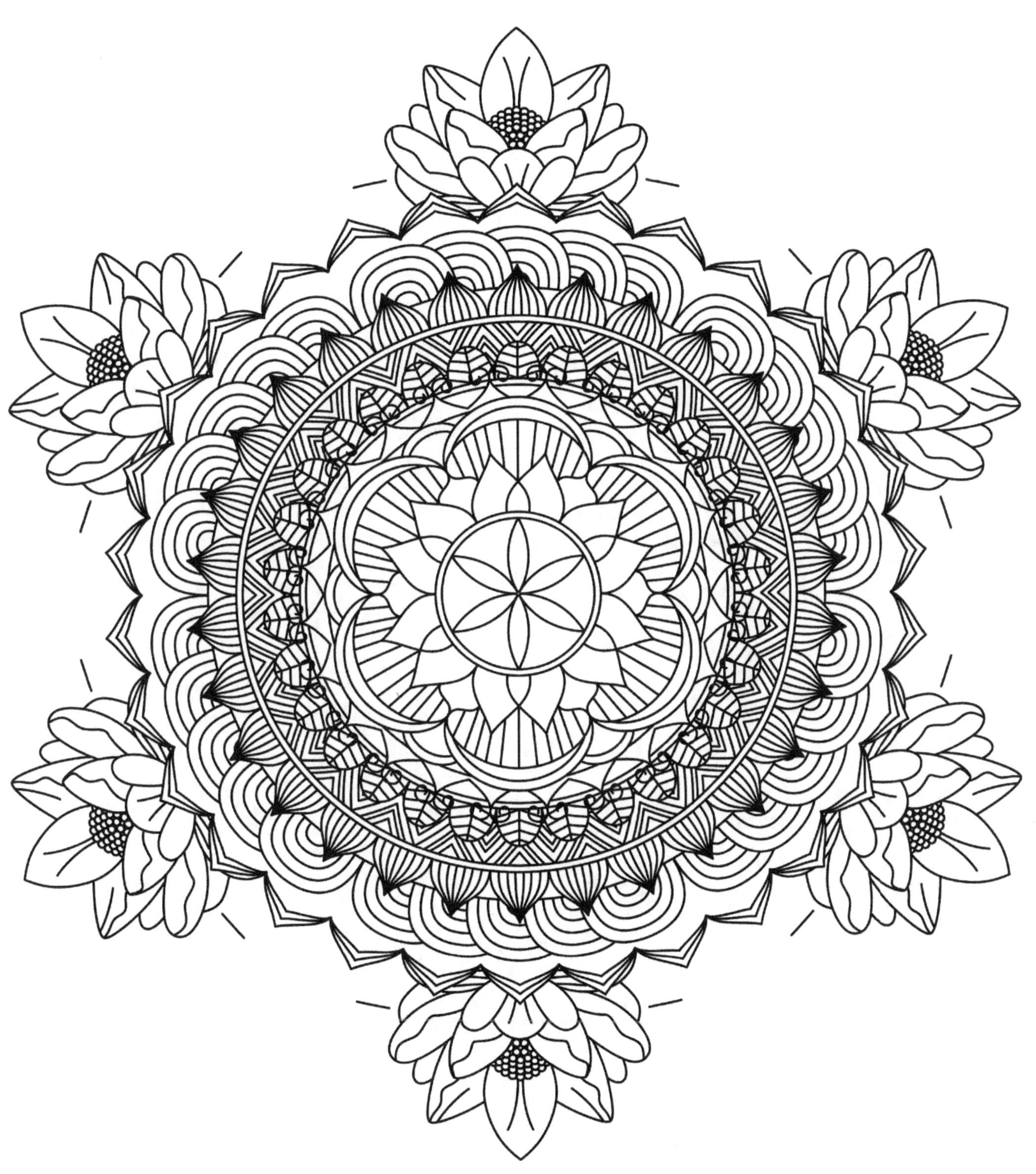

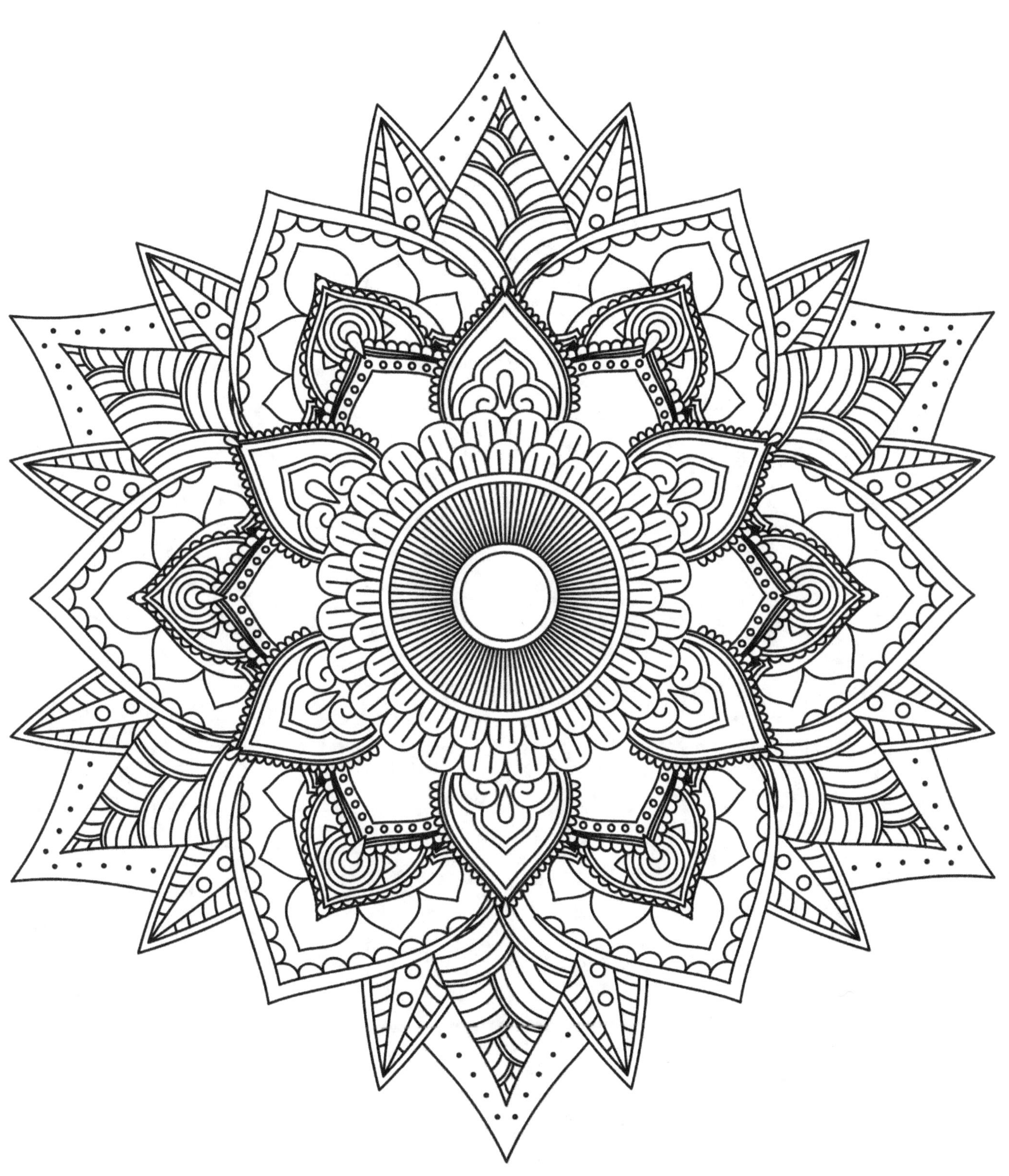

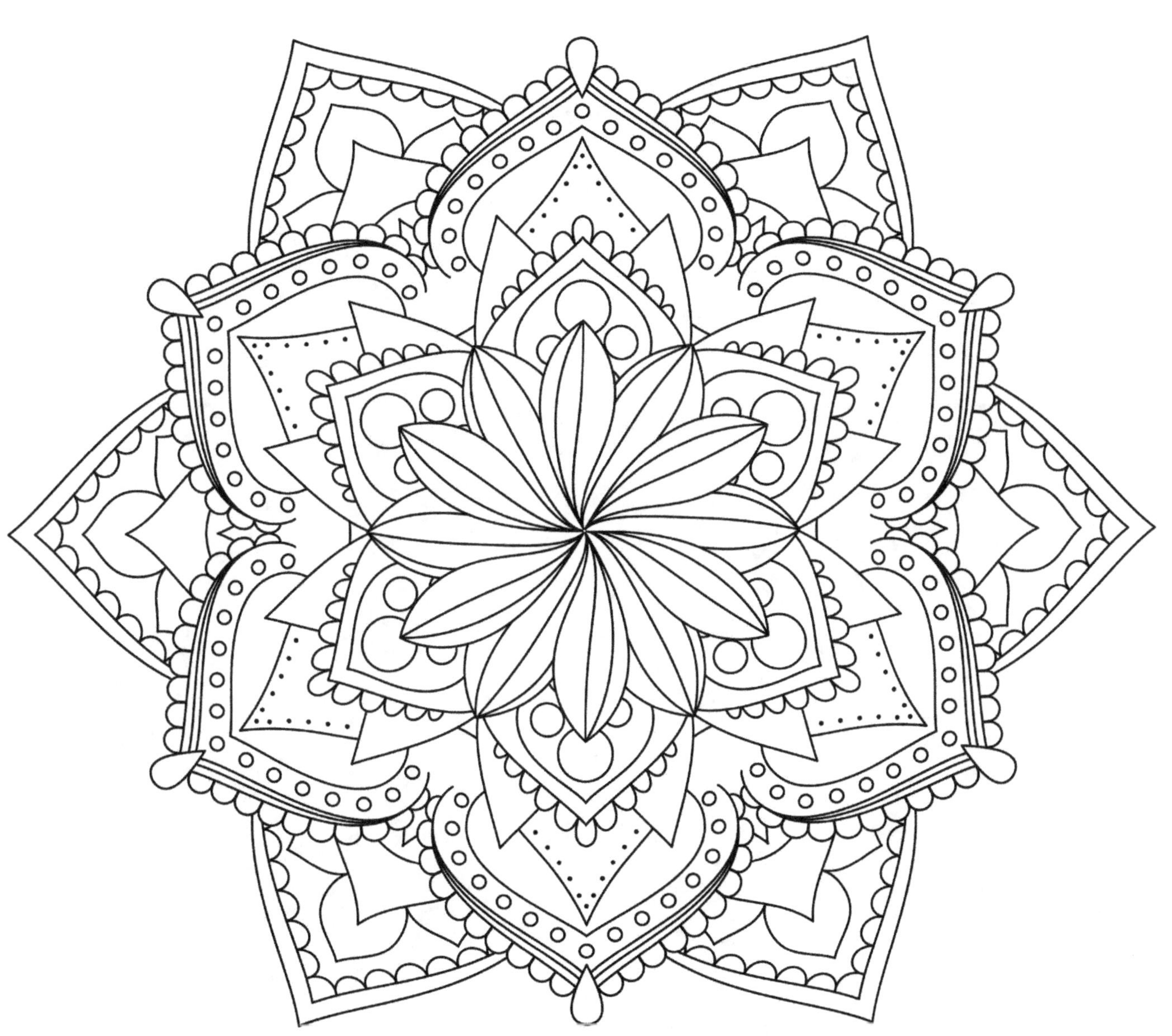

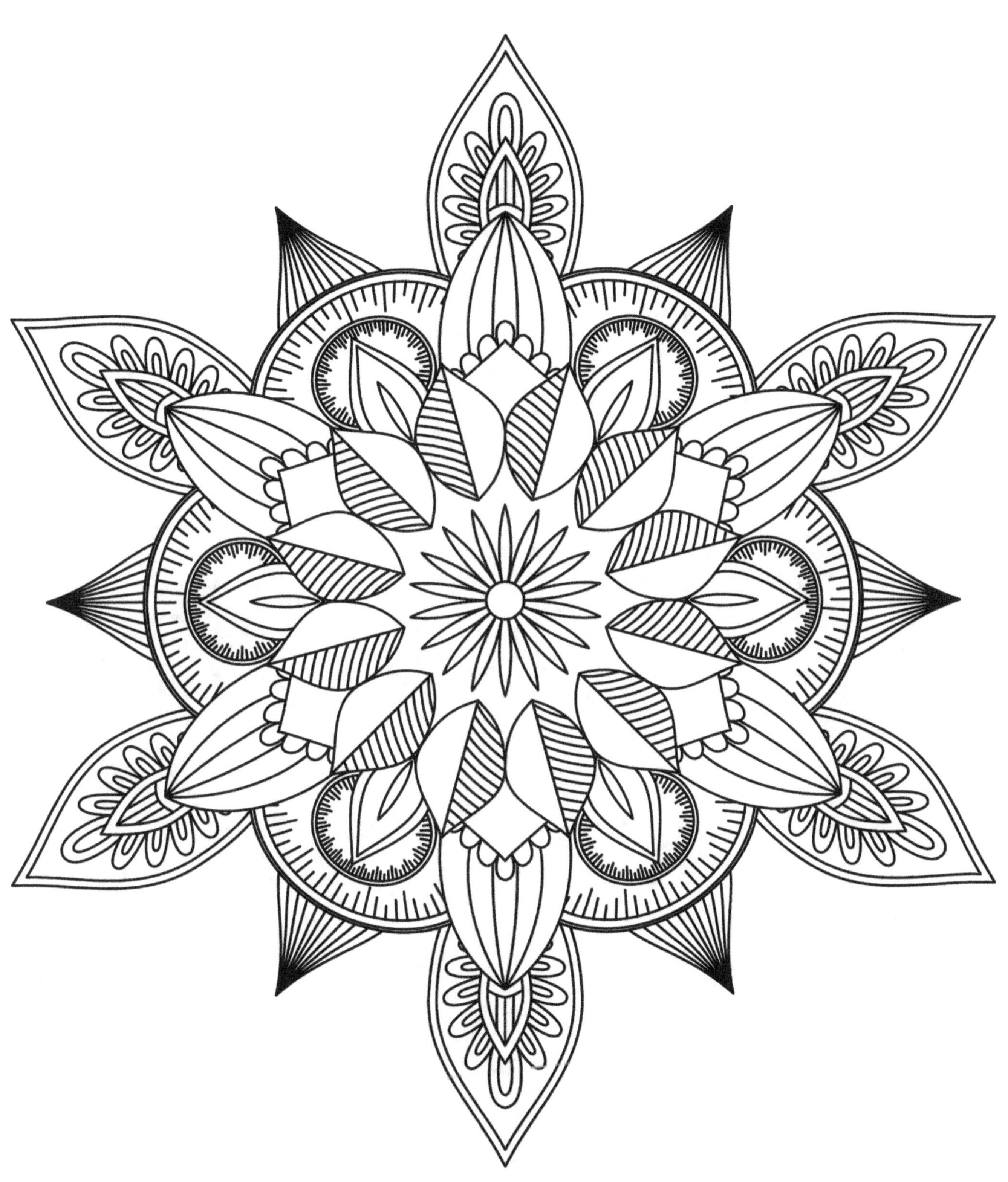

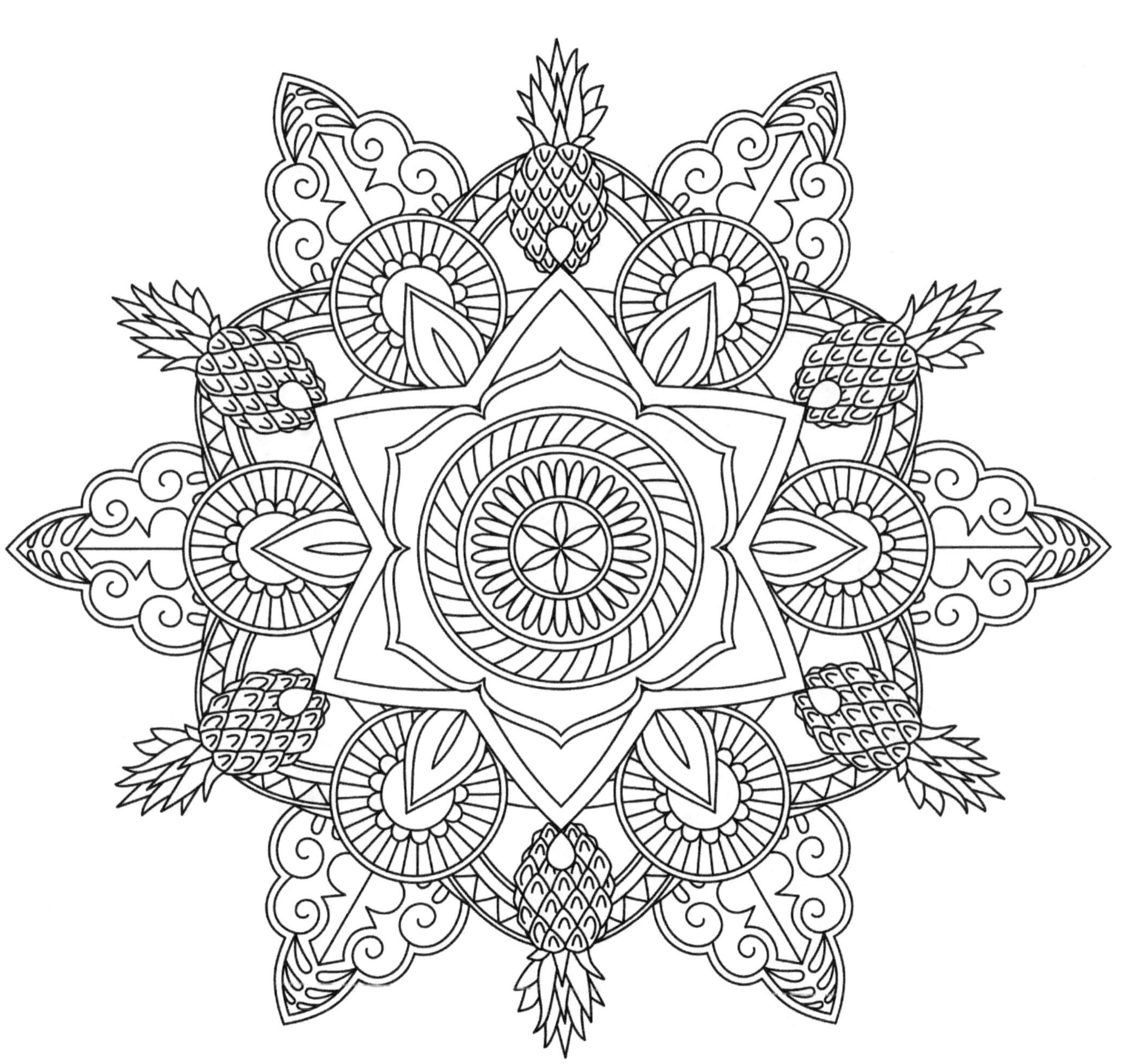

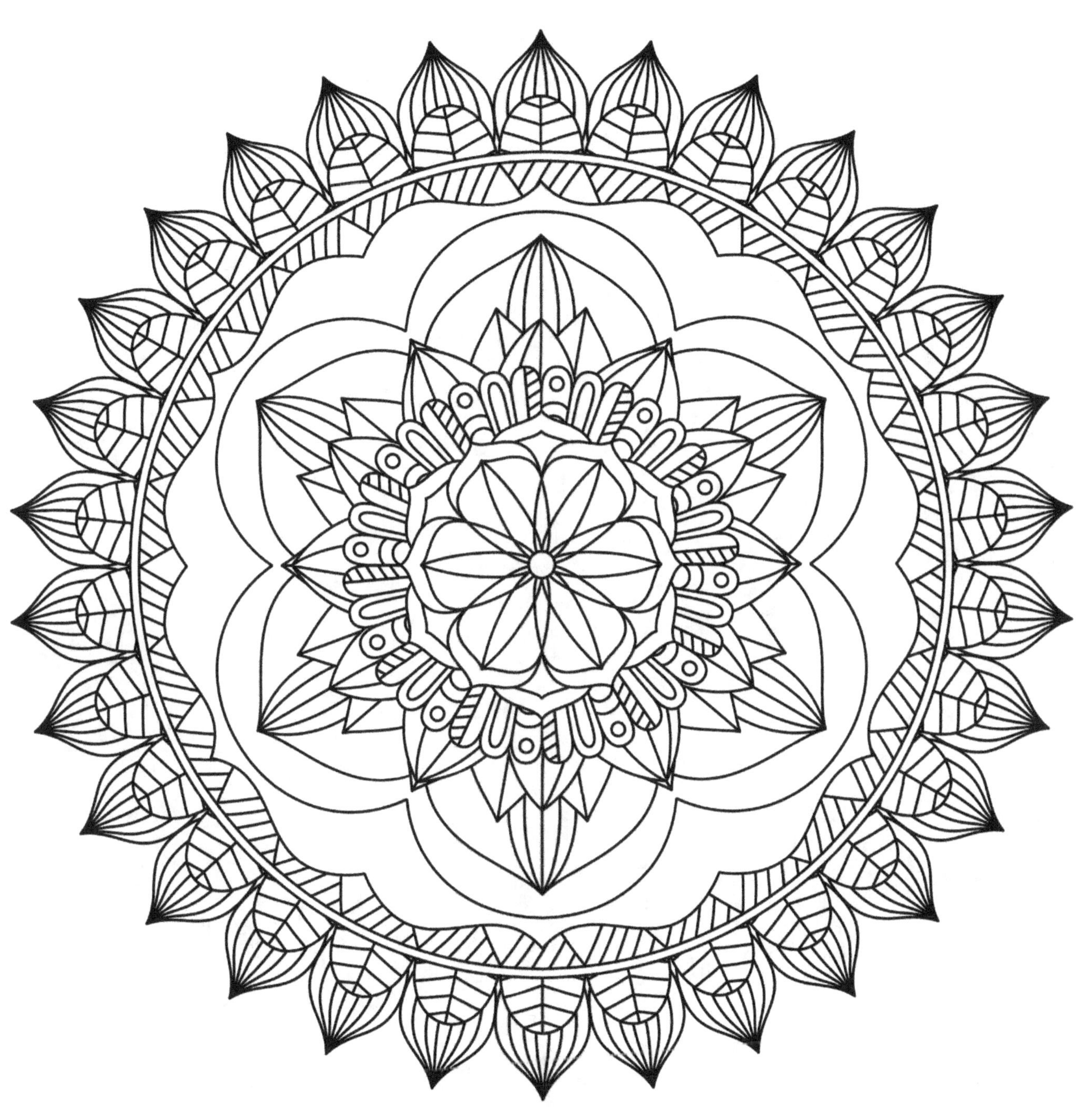

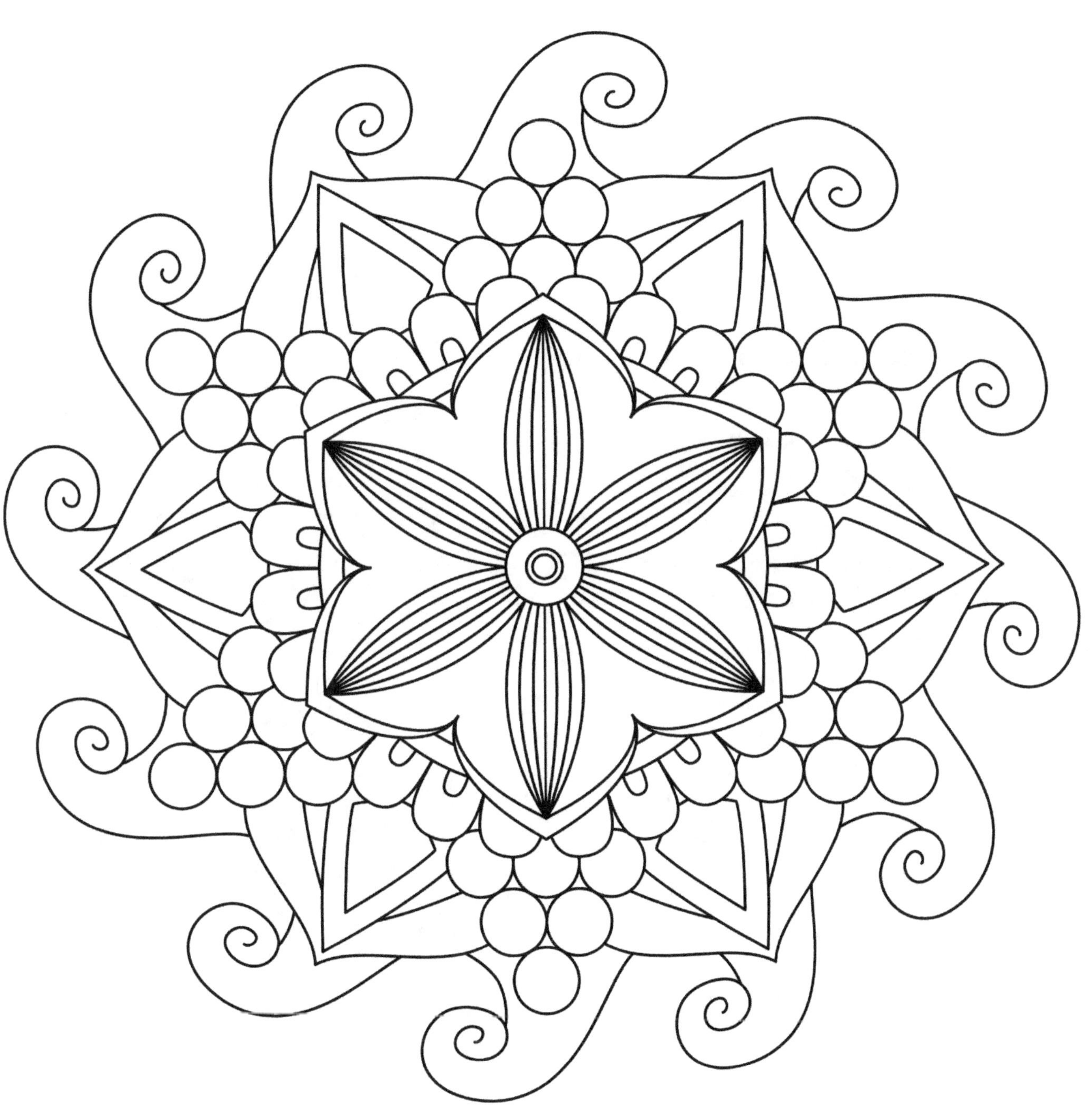

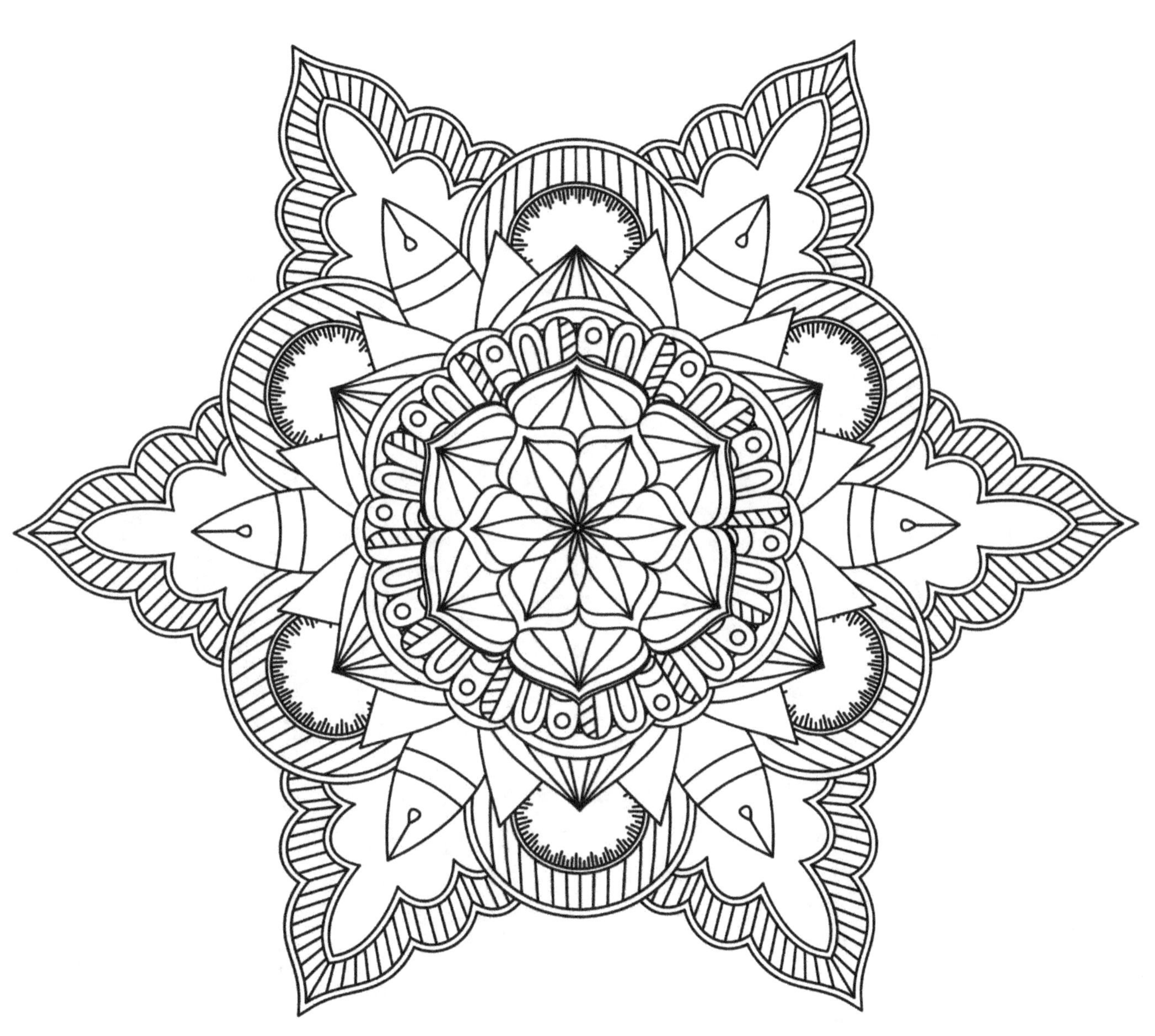

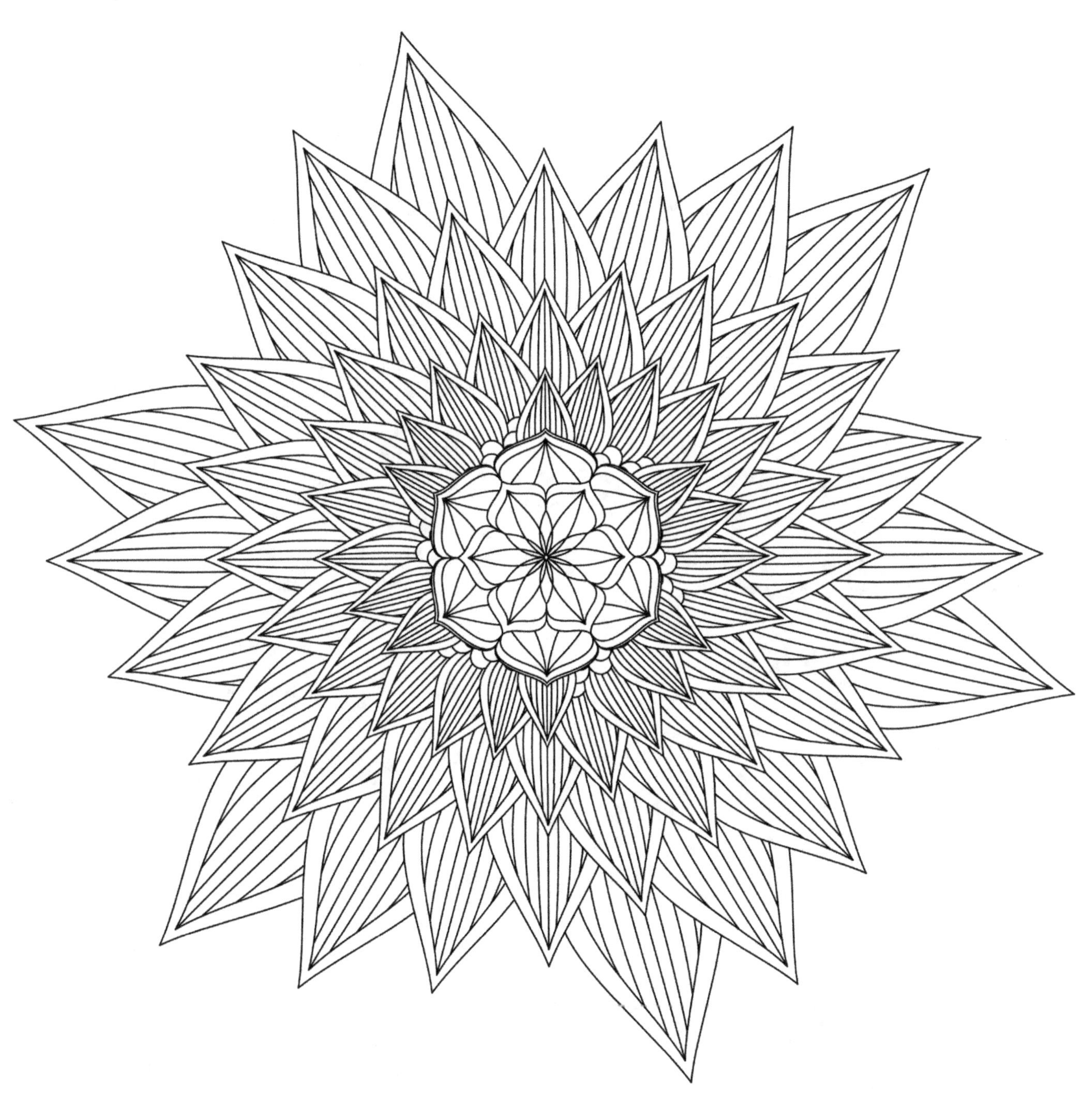

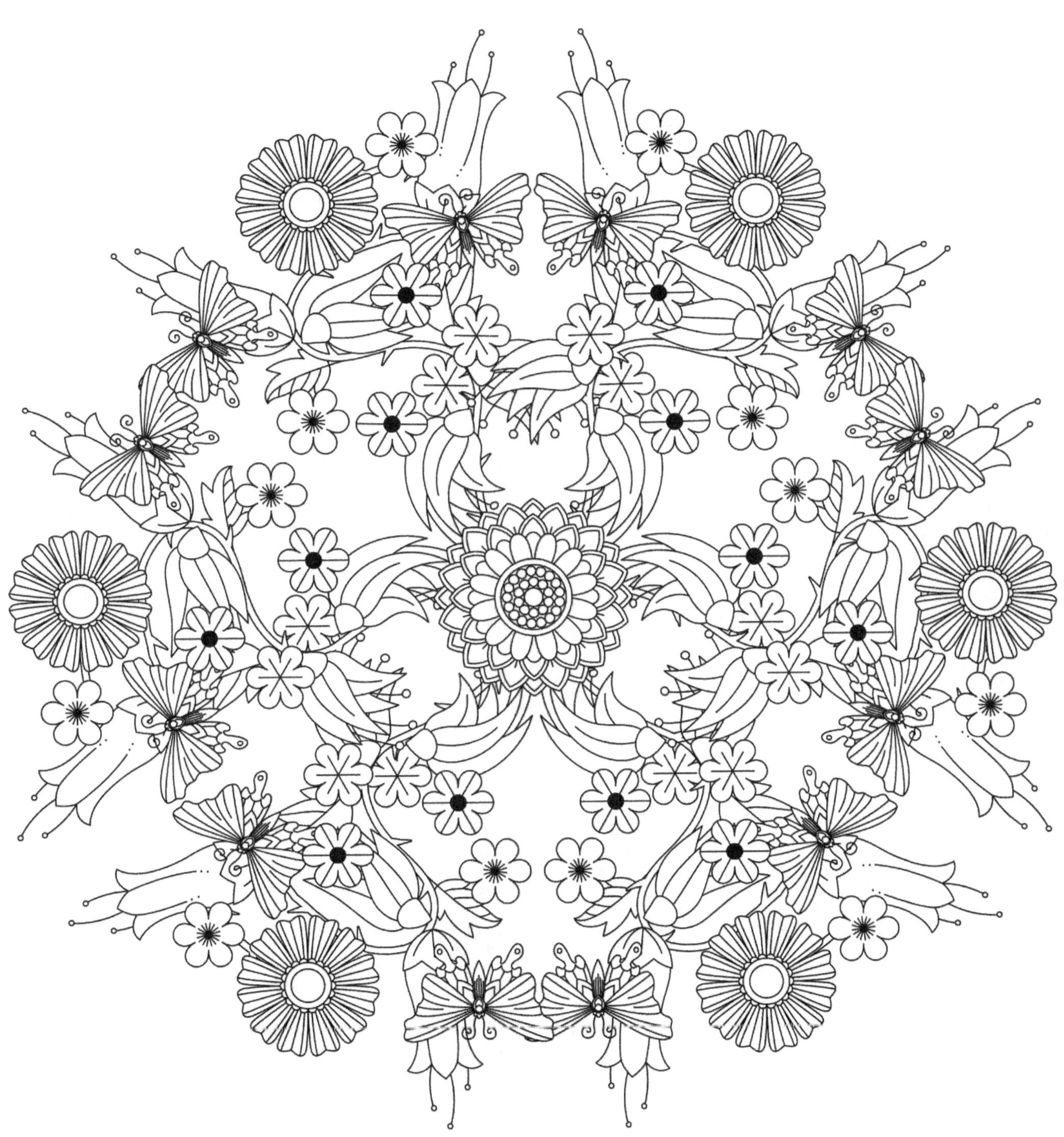

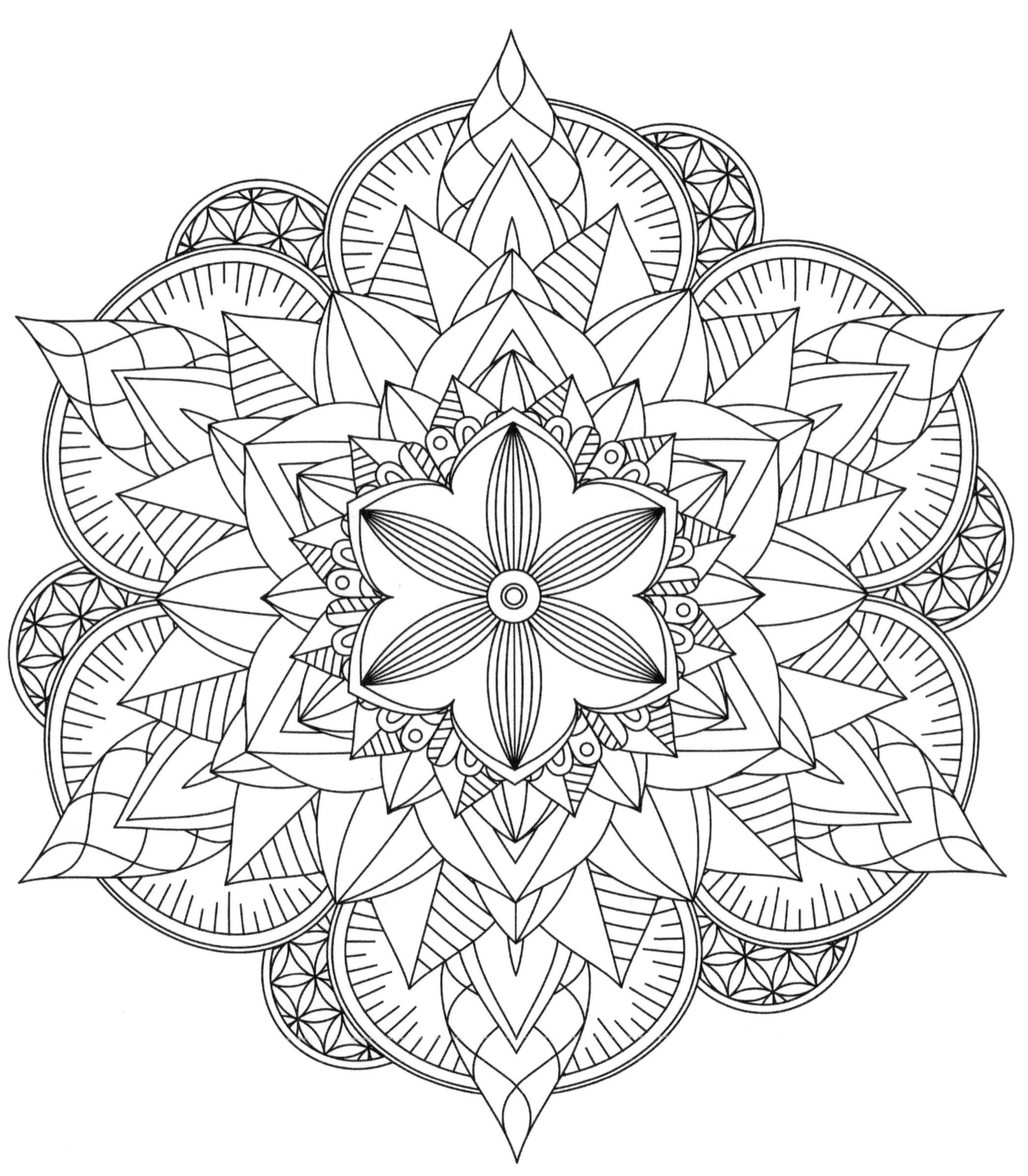

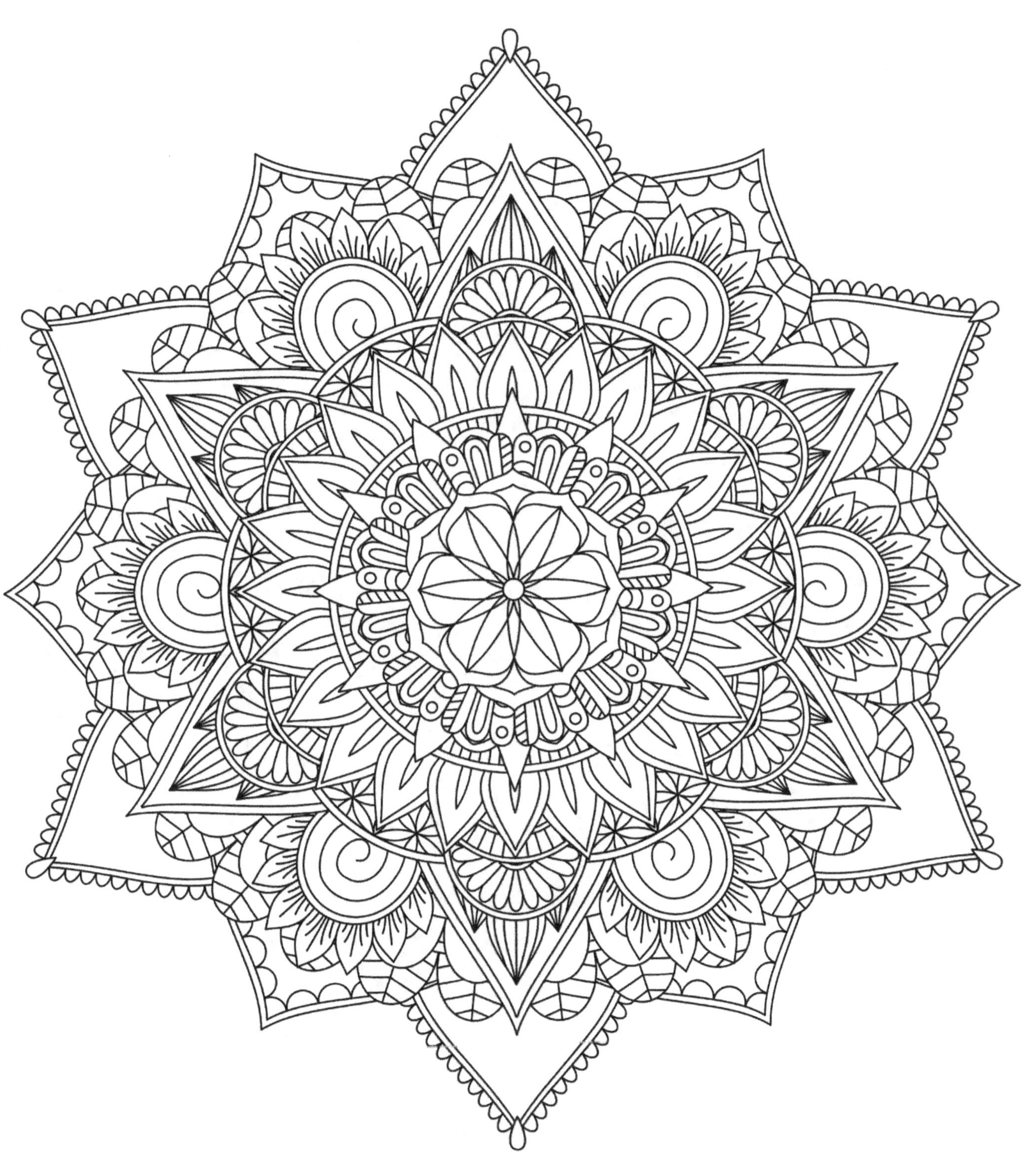

Impressum
Karsten Szpoeth
In Saalfeld 2
38486 Apenburg-Winterfeld
Germany